本书受中央财经大学中国财政发展协同创新中心资助

政府债务与

庄　颖　著

GOVERNMENT DEBT
AND
COMMERCIAL BANK LOAN

商业银行信贷

社会科学文献出版社
SOCIAL SCIENCES ACADEMIC PRESS (CHINA)

总　序

　　"新市场财政学"原本是对应于以市场经济为理论形成背景的当代"公共财政学"的,意在强调对同样市场经济背景下的财政现象所提出的不同的理论范式。在这里,我们把仅仅从市场经济体制的角度出发,以解决市场失灵问题为前提,在经济学框架内研究财政问题的"公共财政学"视为"旧市场财政学";而将尚在探索过程中的,同时从市场经济体制(经济学)和市场经济价值观(哲学)两个"维度"理解市场经济对财政活动的意义,以满足社会共同需要为前提,以学科交叉融合的方法研究财政问题的财政理论体系称为"新市场财政学"。[①]

　　公共财政学是英文 Public Finance 的中文译文,通常是指美国现代公共财政理论,是以理查德·马斯格雷夫(Richard Musgrave,1910~2007)教授为代表的财政学家在 20 世纪 50 年代末期创建的。[②] 它以马斯格雷夫教授的政府财政"三职能"理论为基本框架,以公共物品理论和市场失灵理论为基础,用于分析和理解市场经济条件下政府在公共物品生产、供给等方面的行为规律,其主要理论分支包括政府预算理论、支出理论、税收理论、政府债务理论及其相关的消费者对公共物品偏好分析方法与公共选择理

---

　①　李俊生:《市场经济环境下的财政基础理论建设问题——范式与理念》,《新市场财政学研究》(2021 年第 1 辑),中国财政经济出版社,2021。

　②　美国《纽约时报》记者玛丽·威廉姆斯·沃尔斯(Mary Williams Walsh)在 2007 年 1 月 20 日就马斯格雷夫教授不幸逝世采写的新闻稿中将马斯格雷夫教授誉为"现代财政学之父"。参见 Mary Williams Walsh, "Richard A. Musgrave, 96, Theoretician of Public Finance, Dies." *The New York Times*, Jan. 20, 2007.

论、有关政府之间财政资源与财政权力配置的财政联邦主义理论等。美国现代公共财政理论特别关注在缺乏定价体系的情况下（即市场失灵）确定人们想要什么和需要什么的过程①，其研究范式的实践背景是以美国为代表的联邦制国家结构。② 美国现代公共财政理论一经创立，便风靡全球，成为世界上大多数国家的主流财政理论。

中国在改革开放后，伴随着市场经济体制建设进程，财政学界也在 20 世纪 90 年代中期全盘引入了美国现代公共财政理论，该理论被引进后便迅速取代此前一度流行的"国家分配论"财政理论，而成为我国的主流财政理论。美国现代公共财政理论即公共财政学的影响力如此巨大，主要原因是该理论具有比较严谨的逻辑体系、针对性极强的理论解释元素（概念体系）以及美国政治、社会、经济制度在全球范围内的强大影响力，这些因素赋予美国现代公共财政理论在全球范围内的学术影响力。与此同时，我们看到，美国现代公共财政理论也有很多局限性，主要表现在以下三方面。一是该理论是以解决市场失灵问题为前提构建的财政理论体系，这意味着这个理论体系实质上只是针对财政政策而设计的；二是该理论以美国等联邦制的国家结构为前提，这意味着关于政府间财政关系问题的理论很难适用于单一制国家；三是该理论是建立在马斯格雷夫教授关于政府财政"三职能"体系框架内的，这意味着从整体上看，美国现代公共财政理论仅限于以政府财政为研究对象，而诸如非营利组织财政等财政活动或者财政现象并不属于其研究范围。

---

① 这句话的英文表述方式为 "The process of determining what people want and need in the absence of a pricing system"，笔者理解，这里的 "what people want" 应该是指人们主观上希望得到的东西，但是客观上不一定能够予以满足；而 "what people need" 是指客观上必须予以满足的需要。

② 参见 Richard A. Musgrave & Peggy B. Musgrave, *Public Finance in Theory and Practice*, McGraw-Hill International Editions, Finance Series, 1989。

　　公共财政学在理论上的局限性必然体现在应用领域，特别是自从人类社会进入 20 世纪 70 年代中期以来，以"滞涨"为标志的美国经济发展问题的出现不仅标志着凯恩斯主义经济理论（特别是在财政政策方面的理论）的破产，也证明了公共财政学在对实践的解释力与预测力方面存在极度弱化的问题。公共财政学对财政实践的解释力越来越弱，难以应对来自实践的严峻挑战。究其原因，一是公共财政学作为拘泥于经济学框架内解决市场失灵问题的财政理论，实际上只是聚焦经济领域的财政政策，因而缺乏对跨经济政策领域、跨经济社会领域财政活动规律的解释能力和预测能力。例如，公共财政学对 2007～2008 年发源于美国的金融危机就缺乏基本的解释力，迄今为止，学者甚少从财政学的角度解释这场金融危机爆发的根源，对包括美国在内的相关国家政府财政部门与央行部门在处理金融危机方面的交叉互动关系也鲜见财政学意义上的解释与评论，这足以证明公共财政学在这个领域的解释力严重不足。二是以政府财政为主要研究对象的公共财政学，其科学视野被局限在主权国家或者地区的范围内，因而无法对全球化进程中出现的国际税收竞争问题、世界经济社会动荡问题、地球气候环境变化、全球疫情大流行等涉及全人类共同生存与发展的问题给出科学合理的财政解决方案。同样，由于其局限于以政府为行为主体的财政活动范围的研究，公共财政学实际上丢弃了大量的、本应该作为财政科学研究领域的非政府财政行为研究——毫无疑问，这是人类社会在科学研究领域的重大损失和财政科学工作者的重大遗憾。

　　公共财政学之所以存在上述重大的理论和应用方面的问题，根本原因就是这个理论的秉持者对财政本源的误判——误将"市场失灵"这个市场经济中存在的一种动态平衡（不平衡）现象作为财政本源，继而将财政学研究对象聚焦在政府财政政策领域，将财政学定位于经济学的一个分支等。其结果必然是将财政科学的研究视野局限在主权国家或者地区政府财政活动领域内（包括主权国家范围内的地方政府财政活动），因而无法解释全球范围内人类社会财政活动的客观必然性及其活动规律，也无法解释非政府财政活动的客观必然性及其活动规律。因此，财政科学界必须重新审视财政科学理论体系，重新审视公共财政学这个被我们视为权威的财政科学理论，正本清源，从满足社会共同需要的角度重新理解财政本源，从财政本源出发进一步探索财政科学的解释元素、构建财政科学的核心概念体系及其理论体系，遵从科学发展规律，重新定位财政学的科学属性，从而构建科学合理的财政学理论体系。只有如此，才能使财政学成为人类社会应对当今世界正在经历的百年未有之大变局的科学利器，成为人类社会认识和揭示财政活动规律、在财政领域解决全人类社会共同需要问题的科学宝典。

在我国，自中共十八届三中全会提出"财政是国家治理的基础和重要支柱"这一重大政治论断以来，财政学界广大同仁以此为契机，集中探讨了新时期政府财政与国家治理的关系等问题，大有将政府财政深度嵌入、全面参与国家治理的全过程和全领域的势头。但是，实际上我国财政学界依然以"公共财政学"为科学手段来解释和研究财政在国家治理中的地位和作用问题，其结果依然是将财政科学的研究领域局限在财政政策范围内，依然将解决市场失灵问题作为研究、评价和规划财政政策的理论依据，在财政科学理论体系建设方面没有取得实质性的进步。

在此背景下，中央财经大学的财政基础理论团队提出了在学术界已有的理论发展与创新的基础上建构新市场财政学理论体系的设想。2016 年 11 月，中央财经大学中国财政发展协同创新中心（Center for China Fiscal Development，CCFD）和中国公共财政与政策研究院联合举办了"新市场财政学理论创新学术研讨会暨新市场财政学研究所成立大会"，新市场财政学研究所正式成立；2017 年 5月，"新市场财政学"正式作为论文题目见诸《新市场财政学：旨在增强财政学解释力的新范式》①，通过该篇论文，我们向学术界介绍和阐述了新市场财政学理论框架体系建设的初步设想。新市场财政学以社会共同需要财政理论②为基础，从财政学的角度探索市场经济条件下人类社会共同需要的基本特征，满足社会共同需要的方式、手段；从市场经济体制（制度）和价值观两个维度对财政活动的社会制度（法律）环境进行研究；从行为科学的角度对政府、非营利组织、企业和自然人等各类财政行为主体的财政行为特征、行为规律进行研究；从现实的角度对政府和非政府财政进行宏观和微观层面的解剖研究；从历史的角度对政府和非政府财政的制度变迁规律、环境变迁规律进行探索；等等。为了完成系统的财政理论探索和建设任务，新市场财政学的理论建设者提出了市场平台观、政府参与观、市场规则观和公共价值观等基本理念，从一个全新的角度来观察政府和市场的关系——将市场视为一个"平台"，以政府为代表的公共部门不再是市场对立面的"干预者"，而是与以企业、家庭、个人为代表的私人部门具有相同"市场地位"的市场行为主体，即政府财政实质上只应当是市场活动的参与者，以创造公共价值、满足社会共同需要为目标的财政活动与以创造私人价值、满足私人或者企业个别需要为目标的一般经济活动在市场平台上互相交织、相互影响，并基于各自的目标和利益诉求不断改变和重塑市场规则——在市场经济条件下，应当用公共价值来衡量财政活动的结果，同时各个财政行为主体与一般经济行为主体一样，都必须遵循市场规则。因此，在新市场财政学理论视野中，财政不只是政府解决"市场失灵"问题的政策工具，更主要的是满足社会共同需要的手段；政府不再是唯一的财政行为主体，也是具有掌握政治权力特征的市场行

---

① 李俊生：《新市场财政学：旨在增强财政学解释力的新范式》，《中央财经大学学报》2017年第 5 期。

② 指由何振一教授创建的社会共同需要理论。参见何振一：《理论财政学》，中国财政经济出版社，2005。

为主体；财政不只是经济范畴，也是一个集经济、社会、政治和法律等属性于一身的"综合性的社会范畴"，在综合经济社会系统中发挥"中枢"作用。

中国财政发展协同创新中心不仅是一个学术研究和人才培养的学术组织，也是一个全球化的财政基础理论与政策研究平台，构建和发展新市场财政学理论体系是中国财政发展协同创新中心的主要职能和核心目标。2022年恰逢中国财政发展协同创新中心成立十周年，十年砥砺、奠基百年，值此之际，着眼于财政科学理论体系建设的长期发展，我们推出了"新市场财政学理论成果系列"研究专著，为学术界提供一个探讨新市场财政学理论的学术平台，诚邀海内外同仁赐稿，共同探索构建多学科交叉融合的财政科学理论和运用学科复合型的财政科学研究当代财政问题。与此同时，作为新市场财政学理论成果系列的组成部分，我们也择优出版一部分中国财政发展协同创新中心博士生的学位论文，作为我们探索博士研究生培养的阶段性成果，供学术界同仁参考和指教。我们深知，作为一门综合性、复合型的社会科学，财政科学理论建设是全人类共同的责任，也是人类社会共同体的共同使命，任何单个组织和个人都无法独立完成这项任务。因此我们本着开放与合作的精神搭建了这个系列研究成果展示平台，热切期待海内外学术界同仁共同参与，合作共赢。

"新市场财政学理论成果系列"将围绕但不限于以下十个理论问题结集成书。

一是财政本源问题。财政本源问题涉及财政的来源、本质、特征和运行方式等一系列根本性问题，科学系统地阐述财政本源问题是构建财政基础理论的重要组成部分。公共财政学以市场失灵为财政的本源，以解决市场失灵问题为出发点理解财政的本质、阐述财政的运行方式，将财政科学"矮化"为经济学的一个"财政政策学"分支，进而使财政科学以"财政学"之名专司"财政经济政策"研究之实，将大部分人类社会财政现象"屏蔽"于财政科学之外，导致公共财政学丧失了对大部分财政问题的解释力和预测力。我国20世纪90年代中期以前一度流行的主流财政理论"国家分配论"曾经将"国家"（阶级统治的暴力工具）作为财政的本源，以国家的产生为出发点来理解财政的本质、阐述财政的运行方式，将财政科学变成诠释计划经济条件下国家以财政手段控制社会经济体制的理论工具。国家分配论财政理论如此理解和阐述财政本源问题，使财政学丧失了对市场经济条件下财政现象和财政运行规律的解释力和预测力，由此不仅引发了国内学术界对有关财政起源问题的激烈争论，而且最终导致了国家分配论财政理论被公共财政理论取代。我国上述短短40余年的现代财政理论演变历史已经充分证明了财政本源问题在财政基础理论建设中的重要地位。我们相信，如果学术界通过对国别财政实践的研究与对财政历史和财政理论史的研究进一步深入探索财政本源问题，必将对财政科学的理论建设大有裨益。

二是财政行为主体问题。迄今为止，学术界在有关财政行为主体方面的研究成果十分匮乏，近些年兴起的行为财政问题研究算是与财政行为主体问题比较接近的一个研究主题。但是就笔者所见的研究文献来看，这类研究成果主要是将行为经济学的研究理念和方法套用在对政府财政相关问题的研究上，缺乏对财政行为主体的基础性研究，其结果必然是使学术界在行为财政问题研究上的系统性不足，理论基础薄弱。这些问题产生的理论根源首先是缺乏对财政本源问题的研究，因为只有澄清财政本源问题，才能甄别"财政一般"与"财政特殊"[①]，才能甄别财政行为主体与非财政行为主体。

---

① 参见何振一：《关于"社会共同需要论"的研究及其发展》，《中央财经大学学报》2012年第1期。何振一教授认为，财政活动是贯穿人类社会全过程的活动，即"财政一般"；而在人类社会各个历史发展阶段的财政活动由于带有不同国家制度、不同经济社会形态的印记，故被称为"财政特殊"。

其次是财政学术界混淆了国家与政府在财政学意义上的概念。学术界对国家与政府在理解上的不同,直接导致了对政府财政行为主体理解上的错位,我国财政学界常常把国家和政府同时或者交替作为财政行为的主体。虽然(中央)政府代表国家行使国家主权,但是政府并不等同于国家。从学理和法理上说,国家是指涵盖一定范围的土地、有一定规模的人口、有负责管理国土范围内行政事务、有能力与其他国家发展关系的政府的地理政治实体,此地理政治实体可能是独立的主权国家,也可能是某个主权国家的一个区域。① 而政府是国家权力机关的执行机构,是国家政权机构中的行政机关,是国家政权体系中依法享有行政权力的组织体系。因此,科学辨析和确认财政行为主体,既是财政学的基本范畴问题,也是解答政府财政与市场关系、政府与私人部门交互行为的关键环节。

三是所谓的政府和市场的边界问题。从财政学的角度来看,笔者认为这是一个伪命题,其原因是在市场经济条件下,政府本身就是在市场中从事财政活动的,包括向企业、自然人等市场行为主体征税和在市场上从事债务融资等筹集财政资金活动,通过市场安排财政支出、以 PPP 方式与私人部门的企业共同进行资本运营和基础设施建设活动等,这些都证明政府本身就是市场行为主体之一,在这种情况下,如何划分所谓"政府和市场的边界"?如果进一步观察的话,我们会发现,所谓"划清政府和市场边界问题"会被提出来,可能由两个方面的因素所致。一是政府作为国家政权体系中的行政机构所具有的执法功能。如果政府在市场行为中不恰当地使用了执法权力,甚至为了自身利益而擅立规则,其结果必然是搅乱市场秩序,导致经济学所讲的"扭曲市场"。二是现代政府作为社会经济的管理者,所运用的管理手段(特别是管理政策,如财政政策和货币

---

① 参见《蒙特维多国家权利义务公约》(*Montevideo Convention on the Rights and Duties of States*),是 1933 年 12 月 26 日相关国家在第七届美洲国家国际会议上签署的一项国际公约。

政策等）严重干扰了非政府市场行为者（如企业）的行为，甚至侵害了其他市场行为者的利益。严格说来，这两个因素实际上并不是所谓的"政府和市场的边界问题"，不属于政府和市场之间的关系问题。实际上，第一个因素涉及国家如何通过立法规范政府的执法功能问题，例如，我国全国人民代表大会可以通过相应的法律进一步规范政府的执法功能，完善税收、财政支出、中央和地方政府债务、国家主权债务等领域的立法程序，全面推进依法治国，确保政府能够依照宪法和法律行使权利或权力、履行义务或职责；第二个因素涉及对政府执法功能和行政功能的法律规范与约束问题，通过相应的法律规范和执法与行政方面的法律约束，减少政府对企业和自然人等非政府市场行为主体的干扰。正是由于学术界混淆了对政府行政行为与政府市场行为的法律约束问题，将政府与市场上非政府行为主体之间的关系理解为政府与市场的关系，进而提出了所谓"政府与市场边界"这类似是而非的问题，将财政学的研究引入了歧途。诚然，从根源上看，这类"伪命题"不是我国学术界的"原创"，而是来自国外。在政府与市场的关系问题上，盎格鲁-撒克逊学派就认为政府和市场是二元对立的，政府作为独立于经济社会的自治体，主要扮演着市场干预者和监管者的角色；尽管欧洲大陆学派实际上早已经有将以政府为代表的公共部门视为与以企业为代表的私人部门具有同等地位的市场活动参与者，政府与企业等私人部门在市场中相互影响、共生共存的思想，但是以美国财政学和经济学界为代表的现代财政理论界并没有接受这种思想。由于我国财政学术界全盘引进了美国现代财政理论，提出所谓"政府与市场边界"的问题也是自然而然的事情。研究政府与市场的定位、厘清政府与市场的关系，对于破解财政资金缺位、越位与错位等现实问题具有重要的指导意义。

　　四是公共物品的界定标准问题。盎格鲁-撒克逊学派财政理论关于公共物品理论的一个核心观点，就是公共物品具有较强的非排他性和非竞争性，是市场失灵的一个重要领域，私人部门不会主动提供。然而随着时代的发展，特别是自 20 世纪 70 年代中期以来，伴随"滞涨"现象在西方主要市场经济国家普遍出现、凯恩斯主义需求管理理论和财政理论遭受重创，澳大利亚、英国和美国等国家陆续掀起了一场"新公共管理运动"或者"改革政府运动"。这场运动影响至深，不仅导致 PPP 在全球范围内方兴未艾，还使得像国防这类传统学术观点中的纯公共物品的生产和供给过程中也越来越多地出现了私人部门的影子。这些情况表明，传统的公共物品理论正在遭受来自实践的挑战，以公共物品的"纯正"与否为标准鉴别财政活动的信条已经无法科学解释财政的运行规律。实际上，公共物品仅是满足社会共同需要的手段，而不是财政本源，如何运用社会共同需要理论进一步完善公共物品理论是财政学术界面临的一个重要课题。

五是 PPP 项目实施过程中政府与私人部门之间的关系问题。该问题不仅是政府与市场的关系问题、公共物品的界定标准等理论与实践问题的延伸，而且其本身更具有特殊性和典型性。PPP 模式的本质是通过市场上的契约约束政府和私人部门的权利和义务，以市场化形式寻找匹配的合作关系，涉及政府、企业和社会公众等多个利益主体之间的关系问题。如果在这些复杂的利益关系当中存在不平等因素，那么不同主体之间的博弈可能会造成 PPP 合作关系的扭曲，进而导致合作关系的失败。从财政学的角度来看，这些利益关系者既是市场行为主体，又是财政行为主体，因此应当从经济学和财政学交叉融合的角度分析 PPP 合作关系。迄今为止，学术界对 PPP 合作关系中政府具有公权力可能导致不平等关系的关注比较多，对政府作为市场行为者的角色定位和运行规则等的关注却很少。例如，在 PPP 项目合作中，如何处理政府（包括中央政府和各级地方政府）自身责任和利益实现方式，与政府作为国家权力体系中的行政机构的关系？立法机构应当如何通过立法或者其他手段规范政府在 PPP 中的行为，以便确保政府作为 PPP 契约的缔约方长期、稳定、合法地履行义务？在理论上如何描述 PPP 项目中政府财政满足社会共同需要的目标与政府短期政策目标之间的关系？PPP 项目中政府的目标与社会资本合作方的目标之间的协调机制是什么样的？等等。这些 PPP 项目中涉及的政府与私人部门之间的关系问题，传统财政理论涉足不多，甚至还处于空白状态，亟待学术界同仁予以填补。

　　六是政府间财政关系问题的实践研究与理论建设问题。理论上，在一个主权国家（地区）范围内政府间财政关系应该遵循什么样的原则来设计和规范？这既要考虑一个国家政权体系的性质与实际状态，又要考虑其历史政治文化传统、国土面积和人口状态，更要考虑一个国家的社会共同需要的规模、结构和需要的层级分布以及民众的需求偏好等一系列复杂因素和约束条件。在上述诸因素当中，任何一个因素都不可能单独成为政府间财政关系的决定性因素。然而，目前学术界唯一遵从的有关政府间财政关系问题的理论就是基于联邦制国家结构阐述政府间财政关系的理论，即财政联邦主义理论。[①] 然而，财政联邦主义理论的问题之一在于，仅仅以占全球 14%的少数国家（27 个）的联邦制实践为基础，阐述政府间财政关系的配置原则和运行规律，其余 86%的国家（166 个）却被排除在外。[②]显然，财政联邦主义理论实际上是不具有普适性功能的。按照单一制与联邦制国家结构划分的标准，我国属于单一制国家，财政联邦主义理论对我国政府间财政关系问题显然也不具有足够的解释力。因此，我们不仅亟待探索单一制国家结构下政府间财政关系的配置原则和运行规律，而且作为一门科学，我们更需要探索能够解释单

[①]　参见 Richard A. Musgrave, *The Theory of Public Finance: A Study in Public Economy*, McGraw Hill, New York, 1959。

[②]　这里引用的全球国家数以及单一制和联邦制国家数据来自联合国网站，http://www.un.org。

一制和联邦制国家结构下政府间财政关系的一般性的配置原则和运行规律，构建具有普适功能的、科学的政府间财政关系理论。

七是非政府财政领域的研究。以是否满足社会共同需要为标准划分，财政活动一个极为重要的领域就是非政府财政活动，包括非营利组织财政、由企业和自然人从事的财政活动等。由于财政学术界对财政本源在理解上长期存在偏差，学术界对非政府财政问题存在严重的忽视，迄今为止，在全球范围内学术界尚未建立系统的、用于阐述非政府财政问题的理论。从本质上说，政府财政活动与非营利组织财政活动都是以满足社会共同需要为目标的活动，两者之间在透明度、财政责任、运行规则等方面是相同或者相近的，具有相似的运行规律。

八是政府财政（政府预算）的立法决策理论与监督管理实践研究问题。政府财政是财政领域的重要组成部分，目前全球范围内各个国家通过政府预算占有和支配的财政资源占本国年度 GDP 的比重一般在 50% 左右。例如，2021 年我国政府预算（含一般公共预算、政府性基金预算、国有资本经营预算和社会保险基金预算，简称"四本预算"）支出占当年全国 GDP 的比重为 47.04%，接近 50%。① 如此大规模的政府预算安排，需要以科学、公正、公开、民主的决策程序作保障，因此许多国家在《宪法》中明确规定由立法机构审查批准年度政府预算，并将经过立法机构批准的政府预算作为一项重要的法律规范，要求政府以及相关机构和个人严格遵照执行。我国《宪法》也赋予全国人民代表大会"审查和批准国家的预算和预算执行情况的报告"的职权，赋予全国人民代表大会常务委员会"在全国人民代表大会闭会期间，审查和批准国民经济和社会发展计划、国家预算在执行过程中所必须作的部分调整方案"的职权等。然而，立法机构对政府预算的审议、批准过程实际上十分

---

① 根据《关于 2020 年中央和地方预算执行情况与 2021 年中央和地方预算草案的报告（摘要）》数据计算整理，2021 年 GDP 为预测数。

复杂，其中包括立法机构相关常设委员会与政府预算起草机构之间的协调沟通机制问题，涉及预算安排草案讨论过程中不同党派、群体、利益集团之间的沟通与博弈问题，年度预算安排与国家、地区长期发展之间关系的权衡问题，民众诉求问题，等等。在这些复杂关系和因素的背后，实际上是有规律可循的，目前财政理论缺乏对这些问题的研究和阐述。

九是财政与金融关系方面的理论与实践问题。从全球范围来看，现代金融体系的形成和发展与政府财政之间的关系密不可分。然而，主流财政理论和金融理论无视两者之间的有机联系，不仅财政理论中缺乏对政府财政与银行体系之间内在联系的分析和描述，而且政策研究领域也将中央银行视为货币政策调控的单一主体，忽视了政府的财政行为对货币流通的影响。实际上，在我国国库集中收付制度下，探讨财政收入、财政支出和国库现金管理等系列活动对市场货币流通体系的影响与机制，对于深刻认识现代财政与货币的关系具有重要意义。与此同时，我国中央和地方政府举债融资规模持续增加，特别是受新冠肺炎疫情和国际国内不确定性因素的影响，我国各级政府财政收入大幅度减少，支出大幅度增加，财政风险与金融风险叠加，财政的货币效应与金融的财政效应之间的关系越来越复杂。这些情况表明，无论是从管理实践的迫切性来看，还是从科学理论体系的完整性来看，都亟待加强对政府财政与金融体系之间关系的研究。

十是国际财政（税务）关系问题。随着国家之间经济联系不断加强以及交通和通信技术高速发展，国际贸易、企业生产经营管理方式和地缘政治关系等诸多方面均发生了深刻变化。社会经济活动中日益紧密的全球化联系，不仅体现在企业和自然人之间的国际经济联系上，也体现在主权国家之间的财政税务关系，以及全球不同区域之间社会共同需要的一致性与协调机制上，由此导致国际财政问题的研究需求范围越来越广泛。这种主权国家间的财政研究需求，除了体现在目前全球范围内的国际税务管理体系改革与协调方面外，还将体现在全球范围内的气候治理领域、疫情防控领域、核战争与核风险防范领域和各类灾害防范领域。这些需求不仅会对全球范围内的财政资源配置产生重大影响，还可能重新构建人类社会秩序。因此，我们特别期待学术界对该问题展开全面研究。

"新市场财政学理论成果系列"作为新市场财政学理论研究的前沿阵地，旨在为财政学的基础理论研究开辟全新的研究视角。在此，我们真诚地向海内外各界学者征集兼具学术性、理论性的高水平研究成果，并将在成果出版、发行、传播等方面提供力所能及的协助。我们鼓励诸位学者围绕以上十个财政理论重大问题，基于综合性的研究视角来拓展研究的广度与深度，综合多个学科基础与研究方法来丰富财政学的方法论体系，研究方法包含但不限于理论分析、计量实证、数理建模、文本分析、案例分析等。

志合者，不以山海为远。我们真诚地欢迎对新市场财政学理论建设感兴趣的学者加入财政基础理论建设研究的行列，期望海内外志同道合的学者们能够携手共同构建与发展科学的财政理论。

是为序。

李俊生　姚东旻
2022 年 10 月 31 日

前　言

　　明晰政府债务对商业银行贷款规模的影响机制，是政府实施适宜的财政政策、货币政策和宏观审慎政策的基础和前提。面对新冠肺炎疫情冲击，我国积极的财政政策更加积极有为、稳健的货币政策更加灵活适度，两个政策的内在要求之一是增加政府债务规模，为经济复苏提供资金支持，并引导贷款利率适当下行，增加资金流动性供给，满足市场主体的融资需求。财政政策和货币政策协同发力，政府债务与商业银行贷款共同发挥作用。当前，政府债务规模不断扩大，"借新还旧"模式使得政府债务长期大规模存在，债务风险有向系统性风险转变的潜在可能。防范和化解政府债务风险，不仅需要规范政府债务融资方式，建立政府债务风险预警机制，还需要加强债务政策与货币政策的协调，多管齐下，共同解决问题。

　　理论界已有学者研究了政府债务与商业银行贷款规模之间的关系，发现政府债务通过数量渠道和利率渠道影响商业银行贷款规模。但同时，已有研究忽视了财政部门对货币流通的调控力，缺乏对政府债务影响商业银行贷款规模的财政学解释和机制分析。因此，本书在批判吸收财政信贷综合平衡理论、货币主义理论、现代货币理论的基础上，以新市场财政学为理论基础，以财政-央行"双主体"货币调控机制为分析路径，研究政府债务对商业银行贷款规模的影响机制。首先，本书从政策文本出发分析政府债务影响商业银行贷款规模的制度基础——国库集中收付制度；其次，结合商业银行信用创造和利率市场化改革的现实基础，构建从政府债务发行环节、流通环节、使用环节和偿还环节到商业银行贷款规模的机制路径；再次，构建机制模型，运用资产负债表量化分析政府债务变动引起的商业银行贷款规模的变动；最后，以国债和地方政府债券作为政府债务的代表，实证检验政府债务如何通过数量渠道和利率渠道影响商业银行贷款规模。

　　本书主要研究了新时期政府债务与商业银行贷款规模间的关系，这不仅对防范政府债务风险、推动政府债券市场改革与发展具有重要的现实意义，也对加强财政政策、货币政策和宏观审慎政策协调有一定的理论参考价值。

目　录

图目录

表目录

第一章 绪论

第一节 研究背景

新冠肺炎疫情使经济下行压力增大，财政收入增长承压，对我国社会经济发展带来一定的冲击。如何发挥财政政策、货币政策和宏观审慎政策在宏观调控体系中的协调作用，成为当前关注和讨论的重要话题，探讨三者间的协调匹配关系对今后宏观经济政策的制定和执行具有重要的借鉴意义。

政府债务政策是财政政策与货币政策的协调领域，政府发行债务行为兼具财政政策属性和货币政策属性。20 世纪 90 年代以来，我国财政政策和货币政策分别经历了适度从紧和适度从紧（1995~1997年）、积极和稳健（1998~2004 年）、稳健和稳健（2005~2006 年）、稳健和从紧（2007 年）、积极和适度宽松（2008~2010 年）、积极和稳健（2011~2019 年）等阶段（周波和张兆强，2016；夏仕龙，2019）。2020 年为应对新冠肺炎疫情，中央政治局会议提出"积极的财政政策要更加积极有为"和"稳健的货币政策要更加灵活适度"，力保实现"六稳"和"六保"目标。一方面，要求增加政府债务规模，通过发行抗疫特别国债和地方政府专项债券为经济复苏提供充足和有效的资金支持；另一方面，通过公开市场操作等手段保持流动性合理充足，引导贷款利率下行和贷款资金投向。可以看出，财政政策着力点是加大政府债务发行规模，货币政策着力点是加大商业银行贷款规模，打出财政政策与货币政策"组合拳"成为防范和化解债务风险和系统性金融风险的重要手段（王兆东，2020）。

厘清政府债务如何影响货币流通成为正确认识"财政赤字货币化"的重要一环。疫情背景下，政府部门加大财政政策支持力度、增加政府部门债务杠杆的措施，引发了学术界关于"财政赤字货币化"的大讨论。支持方认为，面对新冠肺炎疫情冲击下全球经济低增长、低通胀、低利率、高债务、高风险的新形势，要有非常规的政策思路和政策方案，通过央行购买特别国债的方式实现适度的赤字货币化，将是未来一个阶段内财政政策和货币政策协调配合的一种新方式；反对方则坚持"财政赤字货币化"违反了《中国人民银行法》中关于央行不能直接购买政府债券和向政府贷款的规定，影响货币政策的独立性，可能带来严重的通货膨胀问题。两方的分歧点在于"赤字货币化"会不会导致货币超发和通货膨胀。对于该问题的判断，需要厘清政府债务如何影响货币流通，即政府债务的发行、流通、使用和偿还如何影响基础货币和商业银行贷款规模。

明确政府债务对商业银行贷款的影响，也是防范财政风险和系统性金融风险的关键之举。近年来，我国政府债券发行和存量规模越来越大，特别是 2015 年后允许地方政府在债务限额内自主发债，"开前门、堵后门"的操作导致政府债务规模增长速度大幅提高。从图 1-1 中可以看出，整体上政府债券发行规模呈现周期性上涨。其中，2007 年发行特别国债导致政府债券发行量出现跳跃式增长，2015 年地方政府自主发债和发行置换债券导致政府债券发行量出现爆发式上涨。由于新增债券规模的增长速度高于到期债券规模，债券存量逐年上涨，政府债券存量占 GDP 的比重也不断上涨，财政面临较大偿债压力。政府债务作为财政领域和货币领域的交汇点，不仅关涉到财政风险问题，也容易引发系统性金融风险。一旦政府债务风险爆发，将很可能通过金融系统传导，从某个区域的财政风险转变为系统的财政风险和金融风险（缪小林和伏润民，2015；沈丽等，2019；王国刚，2012；伏润民等，2017；朱军等，2018；张雪莹和焦健，2019）。

　　商业银行贷款作为货币政策传导的重要渠道，是化解系统性金融风险的重要工具。Boivin 等（2010）从政府干预信贷渠道、银行贷款渠道、银行资本渠道和资产负债表渠道对货币政策通过银行贷款渠道传导政策目标的路径进行探索。潘敏等（2011）、李涛和刘明宇（2012）、董华平和干杏娣（2015）等证明了我国的货币政策通过商业银行贷款传导发挥作用。从图 1-2 可以看出，政府债券发行量与商业银行新增贷款量在某些时期内呈现负相关关系；某些时期内呈现正相关关系；某些时期内相关关系不显著，或存在传导滞后的现象。现有理论认为，当商业银行是"懒惰银行"或受从紧政策影响时，发行政府债券会导致商业银行贷款量减少；当商业银行将政府债券视为安全资产时，持有政府债券会导致商业银行贷款量增加；而当商业银行用过剩的流动性购买政府债券时，商业银行贷款量则不会受到影响。由此可以看出，已有研究在政府债务对商业银行贷款的影响上并未达成一致。

　　实际上，政府债务对商业银行贷款规模的影响也会受国库集中收付制度、商业银行信用创造和利率市场化等因素的影响。一是国库集中收付制度。这一制度使得财政收支能够影响市场中的货币流通量，所有财政收支纳入国库统一管理，实质上是资金从商业银行中的可流通货币变为国库中的不可流通货币（李俊生等，2020）。政府债务作为政府收入的重要组成部分，债务资金同样纳入国库管理。二是商业银行信用创造。商业银行基础货币等量变化将导致商业银行贷款的变化。三是利率市场化。深化利率市场化改革要求在价格传导基础上进一步连通债券市场和存贷款市场。政府债务通过对价格型货币政策工具的影响间接影响商业银行贷款规模。面对利率变动，商业银行可能选择提高短期贷款利率，约

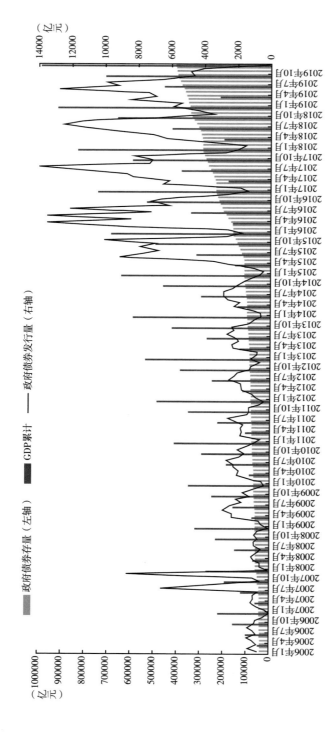

图 1-1 2006~2019 年政府债券发行量、存量与 GDP

注：债券发行量＝国债发行量＋地方政府债券发行量，数据由作者自行整理计算；GDP 数据来自国家统计局网站。

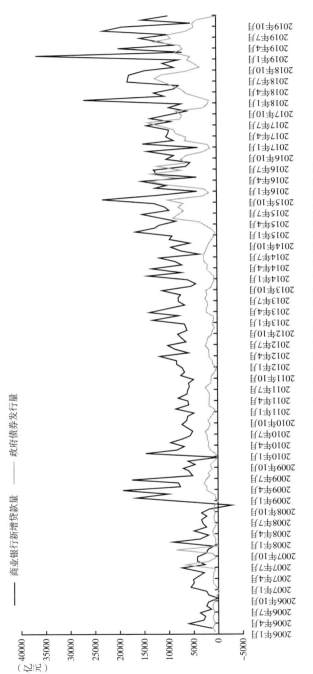

—— 商业银行新增贷款量　—— 政府债券发行量

图 1-2　2006~2019 年政府债券发行量与商业银行新增贷款量

注：政府债券发行量=国债发行量+地方政府债券发行量，数据由作者自行整理；商业银行贷款=对非金融机构债权+对其他居民部门债权，数据来自中国人民银行网站。

束贷款扩张行为，成本上涨也可能会加剧商业银行的存款竞争，促使商业银行扩大贷款占比，增加贷款供给以提高长期利润率（周南和黎灵芝，2015）。

基于此，本书关注政府债务对商业银行贷款规模的影响。目前政府债务的偿还很大程度上依赖"借新还旧"，这表明在未来很长时间内，我们仍将面临政府债务大量存在的现实。本书探索是否能从数量渠道和利率渠道分析政府债务对商业银行贷款规模的影响，并从发行环节、流通环节、使用环节和偿还环节全面、完整地展示政府债务影响商业银行贷款的全过程，为加强财政政策、货币政策和宏观审慎政策的协调配合提供适当的参考借鉴，以更好地防范财政风险和系统性金融风险。

第二节　研究目的和意义

随着政府债务规模的不断扩大和财政政策、货币政策的调控功能日益受到重视，政府债务与商业银行贷款的关系成为全面理解政府债务双重属性，合理使用财政政策、货币政策和宏观审慎政策的重要落脚点。对政府债务如何影响商业银行贷款规模的分析将具有以下理论和现实意义。

第一，正确认识政府债务的货币调控能力，科学制定债务政策。政府债务具有财政和金融双重属性，政府债务在金融市场中通过筹集资金弥补财政收支差额。本书通过厘清政府债务影响商业银行贷款规模的理论基础、制度基础、现实基础和机制模型，全面清晰地分析政府债券发行、流通、使用和偿还环节对商业银行贷款规模的影响，细分政府债券各个环节的作用机理，以使债务政策的制定和实施更加有的放矢，行之有效。

第二，识别政府债务影响商业贷款规模的机制路径及主要工具——政府存款。本书通过理论机制分析和中介效应检验，对政府债务影响商业银行贷款规模的机制路径进行识别。政府存款是政府债务传导过程的中介变量，体现了国库集中收付制度的基础作用，也印证了新市场财政学关于财政-央行"双主体"货币调控框架的理论，为财政基础理论提供了实践支撑。

第三，细分政府债券市场，明晰政府债券定位；细分商业银行贷款市场，明晰贷款战略。本书对国债和地方政府债券进行分类讨论，以便更好地区分两个债券市场的职责和功能。政府债务是弥补财政赤字和配合货币政策的重要工具，根据不同债券对商业银行贷款规模的不同影响，能更清晰地确定国债和地方政府债券在债券市场和贷款市场中的地位和作用。同时，本书将商业银行贷款细分为长期贷款与短期贷款、企业贷款和住户贷款，通过分析政府债务对不同类型贷款的异质性影响，为商业银行制定贷款战略提供数据支撑。

第四，加强财政政策、货币政策和宏观审慎政策的协调配合。新冠肺炎疫情叠加政府债务规模持续扩张，保持宏观经济稳定更迫切地需要政府加强财政政策和货币政策的协调配合。政府债务是兼具财政职能和货币职能的重要政策工具，对政府债务与商业银行贷款规模关系的分析，有助于防范财政风险和金融风险，加强财政政策、货币政策和宏观审慎政策的协调。

第三节　概念界定

本书旨在探讨政府债务对商业银行贷款规模的影响。政府债务和商业银行贷款的概念在理论界和学术界中被广泛使用，但在不同的研究成果和语境情形下研究者对其概念的解读存在差异，常常会有词义混淆等问题。因此，在进行研究前，有必要对本书使用的政府债务和商业银行贷款的概念进行清晰界定和说明。

一　政府债务

政府债务是一个国家的政府部门持有的负有清偿责任的金融性债务（赵全厚和孙昊旸，2011）。目前，对政府债务的统计尚未形成统一的标准，原因主要体现在两方面：一是举债主体不统一，二是债务分类标准不统一。

举债主体不统一是由于政府公布的政府债务范围存在差异。现有对政府债务的统计，既有运用公共部门（public sector）概念核算所有由政府直接或间接控制的常驻机构单位的债务，也有运用广义政府（general government）概念核算所有政府部门和由政府部门控制的非营利组织债务，包括中央政府、州政府和地方政府。公共部门债务和广义政府债务间的差异在于是否核算公共公司（public corporations）债务[①]。表 1-1 汇总了国际货币基金组织（International Monetary Fund，简称 IMF）、世界银行（The World Bank）、经济合作与发展组织（Organization for Economic Cooperation and Development，简称 OECD）等 3 个国际组织，以及英国、加拿大、日本、美国等 4 个代表性国家的债务统计口径。可以发现，不同主体公布的政府债务范围不同，其核算的实际内容也不同。

表 1-1　国际组织及代表性国家政府债务统计口径

国际组织(代表性国家)	债务统计口径	口径详细分类
国际货币基金组织（IMF）	5 种债务口径	IMF 将政府债务分类为 5 种统计口径：a，中央政府预算单位；b，中央政府（a+预算外单位和社会保障基金）；c，广义政府（b+州政府与地方政府）；d，非金融公共部门（c+公共非金融公司）；e，公共部门（d+公共金融公司）。

[①]　公共公司，也可称为国有企业，是由政府部门或其他公共公司控制的公司，包括公共非金融公司和公共金融公司（可分为中央银行、除中央银行的公共存款性公司和其他公共金融公司）。

续表

国际组织（代表性国家）	债务统计口径	口径详细分类
世界银行	广义政府债务口径、公共部门债务口径	世界银行将政府债务分为广义政府债务和公共部门债务口径，提供5类数据：中央政府预算单位债务、中央政府债务、广义政府债务、公共非金融公司债务和公共金融公司债务。
经济合作与发展组织（OECD）	中央政府债务口径、广义政府债务口径	OECD债务统计分为两类：一是中央政府债务（不含社会保障基金），包括OECD国家中央政府债和非洲国家中央政府债；二是广义政府债务，包括中央政府债务、州政府债务、地方政府债务和社会保障基金。
英国	公共部门债务口径、广义政府债务口径	英国按月度公布公共部门债务、按季度公布广义政府债务。 公共部门债务包括中央政府债务、地方政府债务、公共非金融公司债务、公共部门养老金、英格兰银行和公共金融公司债务。 广义政府债务包括中央政府债务和地方政府债务。
加拿大	中央政府债务口径、广义政府债务口径	加拿大债务分为联邦政府债务和广义政府净债务。联邦政府债务是政府的总负债和总资产之间的差额。在总资产中，包括皇家公司和其他政府公司的贷款、投资和预付款；在总负债中，包括皇家公司和其他政府公司的合并应付账款。广义政府净债务包括联邦政府债务、省政府债务、地方政府债务、加拿大养老金计划、魁北克养老金计划，但不包括公共部门养老金和其他雇员未来福利的债务。
日本	中央政府债务口径、广义政府债务口径	日本公共债务由政府债务和其他公共债务组成。 政府债务包括普通债券、金融票据、贷款、政府担保债务和补贴债券等。 其他公共债务则包括地方政府债券和法人行政机构债务。

国际组织（代表性国家）	债务统计口径	口径详细分类
美国	债务持有人口径	美国债务按照持有人口径分为政府机构间持有债务和公众持有债务。 政府机构间持有债务是联邦政府对其他联邦政府部门的债务，主要由信托基金组成，如社会保险和医疗保险。 公众持有债务是政府以外的投资者持有的联邦债务。联邦政府通过财政部发行证券向公众借款，投资者包括个人、公司、州或地方政府、美联储和外国政府。

资料来源：IMF、OECD、世界银行资料来自 *Public Sector Debt Statistics：Guide for Compilers and Users* （2011）。英国资料来自 HM - treasury （https：//www. gov. uk/government/organisations/hm - treasury）、加拿大资料来自 Department of Finance Canada （https：//www. canada. ca/en/department - finance. html）、日本资料来自 Ministry of Finance Japan （https：//www. mof. go. jp/english/jgbs/）、美国资料来自 U. S. Department of the Treasury （https：//www. gao. gov/americas _ fiscal _ future？t = federal _ debt # understanding_ the_ debt）。

　　中国对政府债务的核算主要按照中央政府债务和地方政府债务进行划分。2013 年审计署公布的《全国政府性债务审计结果》对政府债务举债主体的分类较为权威。其中，中央政府性债务举债主体包括中央财政部门、中央部门及所属单位和中国铁路总公司；地方政府性债务举债主体包括融资平台公司、政府部门和机构、经费补助事业单位、国有独资或控股企业、自收自支的事业单位、其他单位以及公用事业单位。中国政府债务的核算范围更接近公共部门核算口径（陈梦根和章敏，2016），包含了广义政府和公共公司债务。但在实际运用和数据核算中，不同机构公布的政府债务数据存在差异，国家统计局仅公布中央政府债务余额，但并未包括上述中央政府债务举债主体的所有债务；财政部主要公布中央政府财政部门和地方政府财政部门发行的政府债券数据。可以看出，中国政府债务举债主体的划分同样未形成统一的标准，对政府部门及其所属机构、国有企业、事业单位等举债主体债务的核算较为模糊，目前较为完善的是对政府财政部门融资情况的统计。

债务分类标准的不统一是因为公布的政府债务类型不同，学术研究中较为常用的是 Polackova（1998）提出的债务矩阵。债务矩阵按照两大标准，即政府债务发生时间是否确定、债务发生依据是否得到法律或合同明确规定，将政府债务划分为显性直接债务、显性或有债务、隐性直接债务和隐性或有债务。在中国官方公布的债务划分标准中，审计署以是否由财政资金偿还为标准，将政府债务划为政府负有偿还责任的债务、政府负有担保责任的债务和其他相关债务。就中央政府债务统计来看，中央财政债务（包括国债、国际金融组织和外国政府贷款）是中央政府债务的主要组成部分，其中国债是中央财政债务的主要组成部分。就地方政府债务统计来看，不同机构、不同研究对地方政府债务主体和分类标准的解读不同，使得对地方政府债务的核算较为混乱，出现了如地方债、地方债券、地方债务、地方政府性债务等不同的统计口径。毛捷和徐军伟（2019）对此进行了详细的分类对比。不同债务统计口径中包含的内容不同，特别是对地方政府隐性债务的范围界定存在差异。目前较为统一的是对狭义地方政府债务内涵的界定，其中包括 2009~2014 年财政部代理发行的地方政府债券和 2015 年地方政府自发自还的债券。

从上述分析可以发现，中国关于政府债务的统计，较为完善且具有共识的是对中央政府和地方政府财政部门发行的政府债券的核算。本书关注政府债务对商业银行贷款的影响，探索具有一般意义的政府债务如何在货币市场中发挥作用，如何通过国库集中收付制度影响商业银行贷款。但从中国现有的改革进程来看，纳入国库集中收付制度管理的政府债务主要为国债和地方政府债券，这两类债务统计口径明确、数据连续性高、核算透明度高，且财政赤字弥补方式主要以政府债券为主。因此，在对一般意义上的政府债务如何影响商业银行贷款进行理论分析的基础上，本书以国债和地方政府债券作为政府债务的代表，通过数据实证检验政府债务的影响效果。

二 商业银行贷款

《中华人民共和国商业银行法》（简称《商业银行法》）中规定出："本法所称的商业银行是指依照本法和《中华人民共和国公司法》设立的吸收公众存款、发放贷款、办理结算等业务的企业法人。"从商业银行的概念中可以看出，贷款业务是商业银行的核心业务之一，贷款质量和贷款营利性特征使得贷款在实现商业银行经营目标上具有举足轻重的地位（戴国强，2016）。一方面，商业银行贷款应根据国家产业政策指导，服务于国民经济和社会发展。例如，为应对金融危机，2009 年中国人民银行和银监会联合发布《关于进一步加强信贷结构调整促进国民经济平稳较快发展的指导意见》，指出要"吸引和激励银行业金融机构加大对中央投资项目的信贷支持力度"，"拓宽中央政府投资项目的配套资金融资渠道"，要求商业银行加大对地方融资平台的支持力度，可见商业银行贷款受到国家政策的影响；另一方面，商业银行重视盈利，贷款业务是商业银行主要的利润增长点。但是《商业银行法》要求商业银行贷款遵循资产负债比例管理，包括"资本充足率不得低于百分之八；流动性资产余额与流动性负债余额的比例不得低于百分之二十五；对同一借款人的贷款余额与商业银行资本余额的比例不得超过百分之十"等，这些要求抑制了商业银行贷款规模过度扩张的趋势，是商业银行制定贷款政策的重要考量因素。此外，商业银行贷款利率的设定可参考国债利率、大额定期存款利率或者银行同业拆借利率等基础利率（戴国强，2016）。这使得政府债务能够通过利率渠道影响商业银行贷款。

本书探讨政府债务对商业银行贷款规模的影响，商业银行贷款规模是商业银行向借款人发放的贷款规模，用中国人民银行公布的贷款余额数据来确定。为了分析政府债务对不同类型贷款的异质性影响，本书按照贷款期限是否超过一年，将贷款分为短期贷款和长期贷款；根据贷款客户类型的不同，将贷款分为企业贷款和住户贷款，以分析不同类型贷款对政府债券发行的敏感度。

第四节　内容安排和研究方法

一　内容安排

本书章节安排如下。第一章详细阐述了本书的研究背景、研究目的和意义、概念界定、内容安排和研究方法、创新点和不足之处。第二章为文献综述部分。从政府债务的影响、商业银行贷款的影响因素以及政府债务与商业银行贷款关系等三个角度，构建政府债务通过数量渠道和利率渠道影响商业银行贷款的理论机制。在总结国内外现有研究的基础上，提出需要进一步研究和补充的问题。第三章为政府债务影响商业银行贷款的理论基础。在分析借鉴财政信贷综合平衡论、货币主义、现代货币理论和新市场财政学的基础上，以新市场财政学中的财政-央行"双主体"货币调控机制为主要理论基础，对政府债务和商业银行贷款规模的关系进行分析。第四章为政府债务影响商业银行贷款的制度基础分析。国库集中收付制度和国库现金管理制度的存在使得政府债务在发行、流通、使用和偿还等各个环节中拥有了对流通货币的影响力。第五章为政府债务影响商业银行贷款的现实基础分析。政府债券是政府债务的主要组成部分，商业银行持有大量政府债券。政府债务对基础货币的影响通过商业银行信用创造传递给商业银行贷款。同时，利率市场化改革使得政府债务发行带来的利率变动向商业银行贷款传导。第六章为政府债务影响商业银行贷款的机制模型。本章刻画了政府债务在不同环节对商业银行贷款的影响，总结分析了政府债务全流程的影响效果，并基于此提出了本书研究的定理。第七章实证检验了政府债务影响商业银行贷款规模的数量渠道。运用 VAR 模型、PVAR 模型、动态面板模型、中介效应模型和稳健 OLS 回归，分别对国债、地方政府债券与商业银行贷款规模的动态关系进行分析，在控制内生性的基础上检验政府债务的影响机制。第八章实证检验了政府债务影响商业银行贷款规模的利率渠道，运用国债和地方政府债券的截面数据，分析政府债券利率和发行金额如何影响价格型货币政策工具，进而传导至商业银行贷款规模。第九章为结论和政策建议。总结本书研究结论，并在此基础上提出加强政府债务与商业银行贷款规模相互协调的思路。本书的思路框架如图 1-3 所示。

二　研究方法

本书探讨政府债务与商业银行贷款规模的关系，主要运用文献分析法、政策文本分析法、数理模型分析法、计量分析法等方法，对该问题进行论证。

一是文献分析法。文献分析法基于国内外现有文献，对政府债务的影响、商业银行贷款的影响因素、政府债务通过数量渠道和利率渠道影响商业银行贷款的理论文献和实证文献进行分析。在探寻政府债务是通过何种途径如何影响商业银行贷款的同时，识别现有文献存在的研究不足和研究空白，以及本书能够深入研究和改进的部分。

二是政策文本分析法。政策文本分析法通过分析关于国库集中收付制度、国库现金管理制度、国债和地方政府债券管理制度等的政策文本，探讨在国库集中收付制度下，政府债务发行、流通、使用和偿还等各个环节是如何影响市场货币流通的，以及是如何赋予政府债务货币调控能力的。

三是数理模型分析法。数理模型分析法通过建立数理模型，对政府债务影响商业银行贷款的机制路径和影响效果加以分析，并从

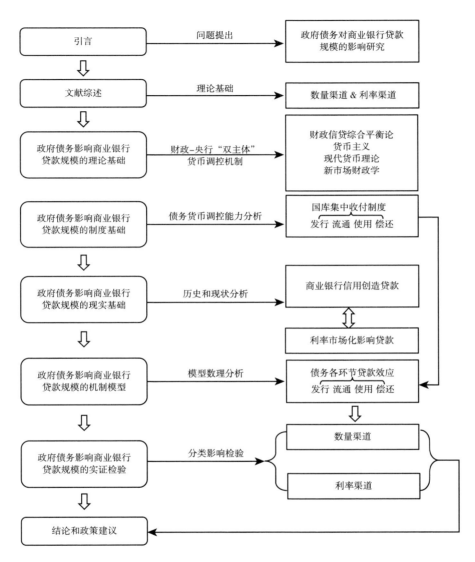

图 1-3　思路框架

政府债务全流程的视角，分析和确立政府债务对商业银行贷款规模的影响方向和影响效果。

四是计量分析法。计量分析法通过 PVAR 模型、VAR 模型、动态面板回归、中介效应模型、稳健 OLS 回归等方法，运用国债、地方政府债券、商业银行贷款规模的时间序列数据或面板数据，对政府债务影响商业银行贷款规模的途径和方式进行实证检验。

第五节　创新点和不足之处

本书基于新市场财政学中的财政-央行"双主体"货币调控机制，通过对国库集中收付制度进行制度分析、对商业银行信用创造和利率市场化进行现实基础分析以及对政府债务全流程的贷款效应进行模型分析，探讨了政府债务对商业银行贷款规模的影响。与已有研究相比，本书在研究视角、研究框架和研究方法上都试图有所突破。本书可能的创新和特色之处包括以下几个方面。

第一，本书在研究选题和研究视角上有一定的创新性。研究财政政策、货币政策和宏观审慎政策的协调配合，离不开对政府债务和商业银行贷款关系的关注。但已有研究在对二者关系进行分析时，常常将政府债务作为金融市场变量，而忽视政府债务的财政属性。将政府债务纳入国库集中收付制度管理，是财政部门发挥货币调控能力的重要手段。这是政府债务区别于其他类型债务的本质特征，也是政府债务对商业银行贷款有不同影响的内在原因。本书基于财政-央行"双主体"货币调控机制，针对政府债务影响商业银行贷款规模这一问题进行研究，探讨了财政政策、货币政策和宏观审慎政策如何在债务政策中实现统一协调。

第二，本书的研究方法和思路更加系统全面。已有对政府债务影响的研究，多是对政府债务的某一环节的讨论，如政府债务发行的影响，或政府债务使用的影响，甚至某些研究混淆了债务发行环节和使用环节，得出的结论具有片面性。本书从政府债务的全流程角度出发，对政府债务在发行、流通、使用和偿还四个环节中影响商业银行贷款规模的机制进行解析。将政府债务对商业银行贷款的影响细化到具体的环节中，更清晰地展现了债务的影响机制，使债务政策制定更加有的放矢。

第三，本书的研究结论更具现实意义。已有研究更多地聚焦于"城投债"或地方政府贷款的影响，缺乏对政府债券的关注。国债调节金融市场稳定的作用、国债收益率作为债券市场基准利率的重要性、地方政府债券作为地方政府合法融资方式的唯一性、防控地方政府债务风险的必要性，均表明政府债券的作用越来越突出，研究政府债券对未来财政政策的制定更具指导意义。同时，本书对商业银行贷款类型进行区分，分类检验了国债和地方政府债券对短期贷款、长期贷款、企业贷款和住户贷款的影响，进一步细分政府债券发行带来的影响，为商业银行制定贷款战略提供了支撑。

为保证研究结论的科学性、稳健性和全面性，本书从理论基础、制度基础、现实基础、机制模型和实证检验等角度对政府债务影响商业银行贷款规模的问题进行解析，但仍存在以下几点不足之处。

第一，政府债务资金在流通环节和使用环节的变化较难获得详细的数据。政府债务资金纳入国库后，与普通财政资金一起管理。债务资金的使用情况、债务资金滞留国库的情况、债务资金使用的时间安排情况、每笔财政支出中债务资金的占比情况等较难直接观测，其透明度较低。想要区分出政府债务资金在流通环节和使用环节的变化，需要进一步研究如何量化债务资金规模。

第二，本书建立的机制模型中部分假设较为简单。在政府债务影响商业银行贷款的机制模型分析中，为了更直观地展示政府债券与商业银行贷款间的关系，假设政府债券由商业银行全部购买。模型未讨论中央银行公开市场操作、个人投资者、境外投资者持有政府债券的影响。因此还需要深入分析各种情况下政府债务的影响效果，以更加贴合现实。

第三，政府债务通过利率渠道向商业银行贷款规模传导的效率有待进一步提高。由于 LPR 贷款市场报价利率从 2019 年起才开始公布，本书在对政府债券通过利率渠道影响商业银行贷款规模的分析中，以银行间同业拆借利率作为价格型货币政策的代理变量。随着利率市场化改革不断推进，贷款利率市场化程度不断提升，在未来数据可得性提高的情况下，可通过对政府债务利率、金额与 LPR 利率关系的研究，提高政府债务通过利率渠道向商业银行贷款规模传导的效率。

第二章　文献综述

第一节　政府债务的影响

从理论层面看，现有理论关于政府债务对国民经济影响的讨论存在两类截然不同的观点。"支持派"的代表人物主要包括凯恩斯、布坎南等。他们认为政府发债将扩大财政支出，通过增加国民收入的途径增加消费需求，通过增加政府投资的途径增加就业。这种改变市场中闲置资金状态、增加消费的方式，能够刺激经济复苏并助力经济持续增长。同时，在政府信用背书的基础上，政府债务可通过"借新还旧"的方式长期持有而不用偿还债务本金。"反对派"的代表人物主要包括亚当·斯密、大卫·李嘉图、弗里德曼等。他们认为在货币供应量不变的情况下，政府发债从市场中汲取的资金是企业用于生产和资本积累的资金，这种生产性资金如果用于非生产性用途，会对企业投资产生"挤出效应"，长期来看降低了资本存量，抵消了刺激性财政政策带来的效果。在改变货币供应量的情况下，增加货币供应量以满足政府的需求，则会导致通货膨胀。政府如果出于增加税收、降低债务负担、降低实际利率等目的，没有着手控制通货膨胀，会对经济发展和社会福利造成损害。

从实践层面看，政府债务问题的产生是财政分权、权责分离、晋升激励和商业银行预算软约束等因素共同作用的结果（周黎安，2007；王叙果等，2012）。一方面，分税制改革导致政府间财权和事权不匹配，财权上收和事权下移使得地方政府面临资金短缺的问题（谢思全和白艳娟，2013）。另一方面，在以 GDP 为考核目标的"晋升锦标赛"中，"政绩工程"建设需要大量资金支持（陈菁和李建发，2015）。政府面临资金来源不足和资金支出需求大的"两难困境"，迫使地方政府主动举借大量债务。商业银行特别是地方性商业银行，在预算软约束、行政干预和利益的驱使和激励下，有足够的动力放贷给地方政府（伏润民等，2017；陈宝东和邓晓兰，2017；沈丽等，2019；巴曙松等，2019）。此外，地方政府之间在预算内存在税收竞争，在预算外存在举债竞争，导致债务风险会空间溢出（沈丽等，2019）。且政府官员任期和债务期限结构不一致，导致债务举借权力和偿还责任的分离（缪小林和伏润民，2015），政府债务风险不断积聚。为了应对债务风险问题，政府推出多项政策，黄春元和毛捷（2015）以政府间转移支付作为工具变量，发现在地方收入有限而地方政府支出压力较大时，地方政府考虑到未来的偿债压力会减缓政府债务增长的速度。姚东旻等（2019）发现 PPP 政策的提出和 PPP 项目的推进并未实现降低政府债务的政策初衷，反而进一步推高了地方政府债务的增长。

政府债务问题突出，使得财政管理、银行信贷管理、经济增长和社会发展存在不稳定因素。陈立军和杜欣（2016）指出，发行地方政府债券导致的国库资金流入和流出，会引发地方国库资金的剧烈波动。虽然大部分地方政府发行债券时，置换资金会及时支付给债权人，但仍存在部分资金滞留国库的情况。这一方面会降低国库资金的使用效率，增加地方政府债务成本；另一方面，资金滞留国库会产生国库资金充足的表象，掩盖实际情况中财政资金紧张、支出压力加大的问题。周莉萍（2019）指出政府债务规模的不断上升，对国库现金管理提出了更高的要求。财政部门需要将政府债务与国库存款综合考虑，从整体上把控政府债务对国库存款等要素的影响。不仅如此，由于政府部门和银行部门资产负债表密切联系，政府财政状况也会对银行资产负债表产生影响（朱军等，2018）。当政府债务规模不断增加时，财政空间就会相应缩减，扩张性财政政策对经济增长的促进效果会受到抑制。政府债券利率作为商业银行贷款定价的基准利率之一，政府债券利率的上升将导致信贷融资成本上升，资产价格下降，从而导致商业银行资产质量下降。此外，由于政府债务资金多投向公益性项目，以社会效益为主，不以追求经济效益为主要目标，如果政府投资项目的现金流状况不佳或者商业银行信贷管理能力不足，地方政府将无法偿还债务，导致商业银行不良贷款增加（王国刚，2012）。陈宪和尹柏杨（2020）探究了商业银行资产的流动能力是否会受到地方政府债券的影响，研究表明二者呈显著的负相关关系，即每增加 1 个单位地方政府债券规模，商业银行流动性指标就会相应下降 0.075 个单位，即地方政府债券规模增加会提升商业银行流动性风险。另外，债务问题不仅会产生财政风险，当债务风险的累积通过银行信贷途径蔓延至金融系统时，还容易引发系统性金融风险（缪小林和伏润民，2015；沈丽等，2019）。如果中央银行不给商业银行兜底，会引起国内金融动荡；如果中央银行给商业银行兜底，甚至允许豁免政府债务或政府债务重组，则存在中央政府对地方政府债务实质上的担保，地方政府变相拥有了货币发行权，财政风险同样转化为金融风险（王洋和傅娟，2015）。再者，地方政府债务也会对经济增长产生影响，吕健（2015）发现新增债务占比是地方政府债务影响地方经济增长的主要因素，当新增债务占比小于 6% 时，地方债务对地方经济增长有显著的拉动作用，可以视作一种有效的财政政策工具；当新增债务占比超过 6% 时，则会对地方经济增长造成负面影响。同时，实体企业的信贷融资也会受到地方政府债务的影响，华夏等（2020）发现当地方政府债务规模扩张时，实体企业信贷融资会受到相应的挤出，这种挤出效应会因企业规模和类型不同而有所差异，例如中小企业会受到线性挤出，而大型企业和国有企业挤出则具有门槛效应。最后，地方政府债务对资本错配和劳动力错配也同样产生影响,钟军委(2021)指出在不同区域,地方政府债务起到了不同的作用,具体表现为东部地区地方政府债务抑制了劳动力资源错配,西部地区地方政府债务加剧了资本要素错配。

可以看出,政府债务问题由来已久,在理论研究和实践经验上都有众多积累,政府债务对多方面的影响也受到广泛关注。其中,政府债务对银行信贷资金的影响充分反映了政府债务的财政和金融双重属性,对二者的分析将是防范和化解财政风险和金融风险的重要一环,值得关注和深入研究。

第二节　商业银行贷款的影响因素

理解货币政策如何影响经济,并正确制定政策工具的关键,在于明确货币政策的传导渠道。货币政策传导渠道可归类为基于完美市场假设的新古典主义渠道(neoclassical channels)和基于非完美市场假设的非新古典主义渠道(non-neoclassical channels)。新古典主义渠道建立在关于投资、消费和国际贸易的模型基础上。非新古典主义渠道建立在信贷市场的市场不完美(market imperfections)基础上,也被称为"信贷观点(credit view)",其包含三个基本的传导渠道:政府干预信贷渠道(effects on credit supply from government interventions in credit markets)、银行基础渠道(the bank-based channels)和资产负债表渠道(the balance-sheet channel)三类。一是政府干预信贷渠道,是指政府为了实现特定目标,通过再分配或鼓励特定类型投资的方式干预贷款市场。二是银行基础渠道,是指由于银行贷款是其他资金来源的不完美替代者,因此银行在此传导过程中扮演着特殊的角色,具体包括银行贷款渠道(bank lending channel)和银行资本渠道(bank capital channel)。银行贷款渠道的影响路径是指,扩张性货币政策的实施后,银行存款准备金和存款规模增加，导致银行可贷资金数量增加，进而导致信用创造带来的贷款投放增加，投资支出和消费支出也随之增加。银行资本渠道的影响路径是指，由于资产价格下跌或借款人还贷能力下降，银行资产负债表质量降低，结果导致银行贷款减少。此时扩张性货币政策通过较低的短期利率增加利息差，以及提升资产价格增加银行资本的方式，改善银行资产负债表状况，使得借款人支出增加进而增加银行贷款。三是资产负债表渠道，主要侧重信息不对称对贷款造成的影响。借款人资产净值的降低意味着抵押品价值的降低，冒险动机上升，增加了逆向选择的概率，加剧了道德风险问题，使得银行放贷意愿降低，或需要借款人支付更高的风险溢价，从而导致了总支出和总需求的下降（Boivin et al.，2010）。可以看出，在中国资本市场不完美的情况下，政府干预信贷渠道、银行基础渠道和资产负债表渠道均会对银行贷款产生影响。

银行贷款是货币政策传导的重要渠道，宏观调控目标的实现在很大程度上取决于货币政策对银行贷款的影响效果（潘敏等，2011；杨国中等，2011；李涛和刘明宇，2012；董华平和干杏娣，2015）。商业银行是金融系统的融资枢纽，随着利率市场化改革的不断推进，数量型政策工具（如准备金率、M1、M2）和价格型政策工具（如存贷款基准利率、银行间同业拆借利率）发挥了对市场中资金量和利率的调控作用，从而影响商业银行贷款配置。杨国中等（2011）利用2006~2009年64家商业银行数据，对存款准备金率、存贷款利率和银行贷款占比的关系进行实证分析，发现存款利率越高，银行贷款占比越高，银行放贷意愿越高；存款准备金率越高，银行可贷资金减少，银行贷款占比越低，银行放贷意愿越低。存款准备金和存贷款利率分别作为数量型政策工具和价格型政策工具的代表，显著影响商业银行资产配置。徐明东和陈学彬（2011）运用1998~2009年中资商业银行的年度数据，对法定存款准备金率、公开市场操作、存贷款基准利率等货币政策工具影响银行贷款的机制进行检验，以银行贷款和银行证券资产间的增减变动来判断究竟是贷款供给因素还是贷款需求因素发挥作用。结果发现，存款准备金率的提高会降低银行贷款增速和银行证券资产增速，表明存款准备金从抑制货币供给的角度抑制贷款增速；存贷款基准利率的提高会降低银行贷款增速，提高银行证券资产增速，表明存贷款基准利率从改变银行需求的角度改变银行资产组合；公开市场冲销操作会提高银行贷款增速，降低银行证券增速，表明银行间同业拆借利率的上升反而增加了对银行贷款的需求。李涛和刘明宇（2012）发现法定存款准备金率和银行间同业拆借利率的提高会显著降低新增贷款量，M1 的增加会显著增加新增贷款量。这表明紧缩性货币政策会降低贷款供给，扩张性货币政策会增加货币供给，论证了货币政策通过银行贷款传导机制在中国的适用性，且该效应在中小型银行中更加显著。刘涛雄和王伟（2013）指出在利率市场化改革进程中，银行贷款仍然是货币政策的主要传导渠道，特别是在商业银行对中小企业贷款充足时，货币政策、银行贷款和实体经济的关联性更强。马骏等（2016）构建以银行系统为主体的货币政策传导框架，刻画政策利率向金融市场利率传导的路径。在没有金融限制的情况下，商业银行向中央银行短期拆借资金的利率上升，将导致商业银行更愿意吸收存款资金，存款利率上升；商业银行融资成本的上升，将导致其谨慎做出贷款和购买债券的决策，此时企业只能提高融资成本，贷款利率和债券利率上升。但当存在例如存贷比约束、贷款规模限制、存款准备金率限制等金融限制时，政策利率向其他利率的传导效率会随之降低。刘红忠等（2019）运用利率互换作为外部工具变量，将货币政策调控文件作为事件研究法节点来探究货币政策的传导机制和传导过程，发现货币政策调整导致短期利率和长期利率皆显著上涨。其中，存款准备金和存贷款基准利率变动代表的货币政策调整，对短期利率和长期利率的影响最大。

市场信息不对称性、商业银行自身特征、银行业竞争和政府行为等因素也会对商业银行贷款规模产生影响。平新乔和杨慕云（2009）运用微观银行个人消费贷款合同和借款人特征数据，检验了贷款市场上信息不对称导致的贷款特征差异。结果发现道德风险的存在导致银行无法对贷款人进行有效监督，银行不愿意对低质量的借款人提供信用贷款，只有在支付更高贷款利率并提供抵押担保的情况下，低质量借款人才有可能获得抵押贷款，即便如此，抵押贷款的违约率仍然高于信用贷款。银行微观特征的不同，例如资产组合配置，会影响货币政策通过银行贷款传导的效果。许友传（2012）指出，面对紧缩性货币政策带来的存款准备金下降，如果金融市场是完美的，银行便能通过调整资产配置（如股权融资、不缴纳准备金存款、债券资产）应对货币政策冲击，反之，准备金降低则会导致贷款供给下降。该研究使用 1998～2009 年全国性银行、城市商业银行和外资银行等 87 家银行数据，来验证以 M1 增长率为代表的货币政策是否会影响银行贷款增长率。研究结果表明，不同资产负债表特征的商业银行对货币政策冲击的反应存在异质性，规模越大或股权资本越多的银行，其贷款行为反应更突出，且该反应存在非线性特征。董华平和干杏娣（2015）在古诺模型的基础上研究了银行业结构改变对货币政策贷款渠道的影响，通过选取一年期贷款利率作为货币政策工具变量，采用静态和动态面板模型回归，发现竞争性的银行业结构有利于改善货币政策贷款渠道的传导效率，以及贷款利率会显著降低银行贷款规模。刘莉亚等（2017）运用 2007～2014 年微观商业银行数据，对利率市场化改革背景下，银行竞争如何影响银行贷款结构进行解析。研究结果表明，竞争会促进银行贷款的整体增长。通过对贷款结构的细分，发现消费零售贷款、长期贷款和信用贷款在竞争局势下占有更大优势。通过对银行微观特征的细分，发现规模越小、流动性水平越低、资本充足率越低的银行对竞争的敏感性越高，贷款扩张冲动越大。政府干预在商业银行贷款决策中起到不容忽视的作用。钱先航等（2011）以财政盈余、GDP 增长率和失业率代表地方官员晋升压力，通过对 2006～2009

年近 100 家城市商业银行的实证研究，发现地方官员晋升压力大的地区，城商行会减少短期贷款，增加长期贷款，减少批发零售贷款，增加建筑和房地产贷款。纪志宏等（2014）研究发现地方官员的晋升激励与城市商业银行贷款规模呈非线性关系，地方官员为了升迁有极大的动力运用自身的政治影响力和资源促进当地经济发展，且地方官员年龄越接近 54 岁，城市商业银行贷款规模越大。刘冲等（2017）考察了省级银监局局长行为对城商行贷款的影响，利用 2002~2013 年银监局官员数据与城市商业银行的特征数据，发现银监局局长任期越长，晋升激励越强。当银监局局长对辖区内银行资本充足率要求的监管力度越高时，城商行信贷投放就会越低。祝继高等（2020）的研究表明地方政府财政压力是影响商业银行贷款投放的重要因素，他们通过以一般公共预算收入与一般公共预算支出之差占一般公共预算收入的比重作为地方政府财政压力指标，研究发现地方政府财政压力越大，省内城商行越愿意将贷款投向地方国有经济部门。

可以看出，商业银行是金融市场中的重要融资部门，是货币政策传导的重要主体，商业银行信贷是货币政策作用的具体路径。随着利率市场化改革的不断推进，价格型货币政策工具和数量型货币政策工具均会影响商业银行资产配置。不仅如此，市场信息不对称性、商业银行自身特征、银行业竞争和政府行为等因素也会对商业银行贷款规模产生影响。这些因素通过不同的路径发挥作用，成为研究商业银行贷款影响因素中不可忽视的部分。

第三节　政府债务与商业银行贷款的关系

政府债务风险会通过商业银行贷款路径影响金融市场稳定，因此对政府债务和商业银行贷款关系的研究，成为防范财政风险和金融风险，加强财政政策和货币政策协调配合的重要课题。现有对政府债务和商业银行贷款关系的研究主要从数量渠道和利率渠道入手，数量渠

道包括金融抑制机制、安全资产机制、懒惰银行机制、流动性过剩机
制等，利率渠道包括新古典主义、凯恩斯主义、李嘉图等价、资本流
入假说和后凯恩斯主义等。在此基础上，国内和国外研究对政府债务
和商业银行贷款关系进行了实证检验，但并未得出统一的结论。

一 政府债务通过数量渠道和利率渠道影响商业银行贷款

政府债务不仅能够弥补财政赤字、满足财政政策目标，也能通
过影响商业银行贷款、配合货币政策目标实现的方式，解决财政收
支不平衡和货币市场流动性问题。政府债务主要通过两个渠道影响
商业银行贷款——数量渠道和利率渠道（如图 2-1 所示）。

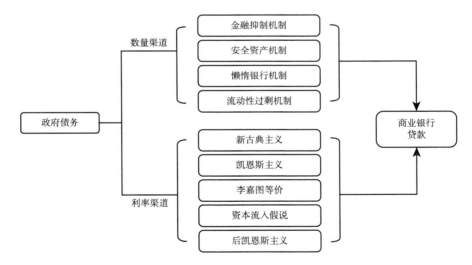

图 2-1 政府债务影响商业银行贷款的理论路径

一是数量渠道，主要分为四种影响机制。第一，金融抑制
（financial repression）机制。金融抑制是对所有阻碍金融市场发展的
相关政策的总称，是政府干预金融市场的一种体现。具体表现为政
府利用提高存款准备金率、控制通货膨胀水平、发行政府债券、限
制贷款规模和监管银行投资组合等手段抑制金融市场发展和银行规

模提升（De Bonis and Stacchini，2010）。就发行政府债券来看，政府通过强制要求银行持有政府债券，或将政府债券设置为唯一符合银行要求的资产来限制投资组合，人为增加市场对政府债券的需求，从而降低政府债券的借贷成本（Hoffmann，2019），这会导致银行持有大量政府债券，占用了银行资源，降低了银行的贷款投放规模。第二，安全资产（safe asset）机制。Kumhof 和 Tanner（2005）认为银行持有大量政府债务不是由于金融抑制，而是由于其将政府债券视作安全资产。政府债券通过提供类似抵押品的功能，在事实上促进了金融中介的发展，在结果上增加了银行资产负债表上政府债券的规模。而银行资产组合中安全资产的增加，使银行能够承受更多的金融风险，从而促进了对私人部门贷款的增加。银行的这种内生反应可能会挤入私人贷款，或部分抵消传统的挤出效应。第三，懒惰银行（lazy bank）机制。在考虑贷款利率、再融资利率、管理成本、税收、预期损失和资本成本等因素的基础上，银行为了使政府债务和私人部门贷款同样有利可图，会要求私人部门提供非常高的利率溢价。即使如此，当面对金融市场发展不完善或者贷款利率存在上限时，银行也更愿意持有政府债务。持有大量政府债务的银行可能会产生道德风险，而不愿意向高风险的私人部门放贷，从而降低了银行在私人部门寻找新的投资机会的动力（Hauner，2009）。第四，流动性过剩（excess liquidity）机制。如果银行流动性过剩，政府债券的发行将不会导致对私人部门贷款的大幅减少（Emran and Farazi，2009），政府债券在此时发挥着中央银行票据的作用。

二是利率渠道。政府债务导致利率波动，利率波动（Thia，2020）和利率调整（彭连清，2003）都可以对银行贷款规模产生影响。政府债务主要通过四种机制影响利率。第一，新古典主义（Neoclassicism）。消费者在整个生命周期中规划，消费赤字会增加当前消费，降低私人储蓄。在债务与 GDP 之比永久上升的假设下，消费者将不愿意在原来的利息下持有更多的新发政府债券，这必然促使利率不断上升以实现资本市场的平衡。第二，凯恩斯主义（Keynesian）。扩张性的财政政策会影响私人投资，不同类型的政府支出对私人资本存量增长的影响不同，造成这些差异的主要原因是政府为增加支出而采取的融资方式不同。其中，通过债券融资支持政府购买商品和服务，会通过实际利率的上升，降低私人部门贷款需求，导致私人投资在事后被挤出（Aschauer，1988）。第三，李嘉图等价（Ricardian Equivalence）定理。李嘉图等价定理是中性的，当政府为弥补赤字发行债券时，尽管举债具有减税效应从而使消费者收入增加，但具有理性预期的消费者知道债券偿还最终要靠增税来完成，因此会将一部分收入储蓄起来以应付未来的税收负担，从而政府债券发行不会改变利率水平。只有在政府债券价值超过了未来增税的资本化价值时，政府债券才能被视为净财富，进而对经济变量产生影响（Barro，1974）。第四，资本流入（capital-inflow）假说。政府债券是平衡货币扩张的有效工具，当大量资本流入国内时，政府债券会将过剩的货币撤出流通领域，以避免对国内利率和资金供给的影响（Altaylıgil and Akka，2013）。第五，后凯恩斯主义（Post Keynesian）。后凯恩斯主义认为货币是内生的，由需求主导，银行贷款发放的同时会增加银行存款，此时银行储备是存款的一部分。而利率很大程度上由央行控制，央行将基准利率设定在自己选择的水平上。在存流量一致模型（stock-flow consistent models）中，政府财政赤字增加，意味着私人部门在银行的存款和存款准备金增加，这会压低银行间隔夜利率使其低于目标利率（Lavoie，2012；Randall，2007；Lainn，2015）。

政府债务通过数量渠道和利率渠道对商业银行贷款规模产生影响，现有理论从不同的角度对该问题进行解答，但政府债务究竟是增加、减少亦或是不影响商业银行贷款规模，目前尚未得出统一的结论。不同理论依托于不同的假设背景，中国政府债务与商业银行贷款关系适用于哪种理论预测，需要在辨析不同影响机制的基础上进行深入研究。

二 政府债务影响商业银行贷款——数量渠道

国内外研究对政府债务通过数量渠道影响商业银行贷款进行了详细的论证。对于不同国家、不同时间的经验数据，现有研究运用不同方法得出了不同的结论。

从国外相关研究看，Temin 和 Voth（2005）对 1702～1862 年英格兰工业革命时期贷款配给和政府债务间的关系进行检验。在商品市场中，价格是分配稀缺商品的有效方式，但在贷款市场上仅仅通过利率的变化很难达到均衡，18～19 世纪的英国私人贷款市场通过定量配给实现了平衡。出于战时融资的需要，人们从银行中取出存款用于购买政府债券，这就要求银行必须提高现金率。减少对客户的贷款、收回旧有贷款和拒绝发放新贷款等增加银行现金率的方法，导致了政府债券对私人贷款的大量挤出。长期来看政府债务每增长 1%，私人借贷就下降 1%，两者间存在 1∶1 的挤出关系。Emran 和 Farazi（2009）指出政府债务对私人贷款的挤出程度取决于银行对政府借款增加的内在反应性质。对 60 个发展中国家 1975～2006 年数据的工具变量回归表明，政府借款每增加 1 美元，私人贷款就减少 1.40 美元。政府向国内银行借款导致私人贷款出现超过 1∶1 的挤出现象，这支持了懒惰银行机制。De Bonis 和 Stacchini（2010）研究了银行贷款数量的决定因素，并验证了政府债务对银行贷款规模的作用。基于 1981～1997 年 18 个经合组织国家的政府债务和私人部门贷款数据，运用 5 年平均标准做法和滞后变量控制内生性的方法，发现政府债务对贷款占 GDP 的比例有显著的负相关影响。该结果可能反映了两种相似但相互依赖的现象：一是受金融抑制的经济体人为地增加了对政府债券的需求，政府债务降低了对私营部门的贷款规模，因为银行发现投资政府债券更有吸引力；二是较高的政府债务占 GDP 的比例可能反映了政府和国有企业在经济中的较大比重，更多的贷款被政府机构和国有企业吸收，而不是被私营部门吸收。De Boni 和 Stacchini（2013）对 43 个国家 1970～2010 年政府债务对银行贷款的影响进行实证检验，为克服内生性问题，运用当年政府债务对未来 5 年银行贷款增长做回归，发现政府债务增长会降低银行未来的贷款规模。Albertazzi 等（2014）发现主权风险会通过不同的渠道影响银行筹资的贷款条件，当银行持有的政府债券价值降低时，会影响银行的盈利能力和资本，进而影响其融资能力，最终可能引发银行贷款供给的减少。同时，政府债券通常作为银行间交易的抵押品，政府债券价值下降将影响商业银行在货币市场获取资金的能力。一旦国家主权信用评级被下调，银行评级也会相应下调，银行借贷能力受损，门槛效应将进一步恶化银行的融资环境。Ogawa 和 Imai（2014）的研究发现，商业银行增加国债的持有量，并不是因为贷款需求疲软，商业银行在贷款和政府债券间选择，是由银行贷款的供给因素和银行资产负债表状况决定的。银行放贷收益与放贷成本间的利润空间被不断压缩，即贷款的边际价格成本上升、放贷动力不足，商业银行资产组合重点从贷款转向国债。同时，商业银行资产负债表状况也是重要的考虑因素，需要商业银行增持国债来满足政策对资本充足率的要求。Gennaioli 等（2018）指出银行持有的政府债券与其贷款比率存在显著的负相关关系。政府债券的增加意味着银行贷款的减少，这种效应在危机时刻更加显著。当受到负向的外部冲击时，商业银行选择购买政府债券并减少贷款发放。Acharya 等（2018）研究了欧洲债务危机时期，政府债务影响银行贷款的机制。该研究运用固定效应模型对 2006～2018 年欧洲数据进行实证检验，发现债务危机导致银行已持有的政府债务减值，向债权严重受损银行提出贷款需求的企业得不到贷款的可能性增加了 47%。同时，银行倾向于风险转移，通过进一步增加主权风险敞口，挤出了企业贷款，与风险转移银行相关的企业得不到贷款的可能性增加了30%。Anyanwu等（2018）发现越来越多的讨论将私人贷款水平降低归咎于政府大量借贷，因为政府依赖银行为预算赤字融资。"挤出"现象的常见形式之一是当政府增加国内借贷时，大量资金被政府使用，这可能会对实际利率产生重大影响，抑制经济的放贷能力，从而阻碍私人部门投资。该研究对1990~2012年28个石油依赖国家的固定效应分析结果显示，当政府从国内银行借入1美元，就会挤掉0.20美元的私人贷款。

从国内相关研究看，针对中国政府债务影响商业银行贷款的研究，普遍对政府债务类型做出了进一步细分：即政府债券和政府贷款。

一方面，政府债券作为纳入政府预算的政府债务形式，对商业银行贷款的影响是通过调整商业银行资产负债表来实现的。政府债券包括国债和地方政府债券。一是国债。国债作为财政和金融范畴之内的概念，具有双重功能，它不仅能弥补财政赤字，还因其高流动性和低风险特征成为金融机构的二级准备金。由于大多数国家不允许政府向中央政府直接借债或者直接购买国债，因此通过商业银行持有国债的方式，不仅能满足商业银行流动性管理，还能为财政政策提供低成本的资金支持，提高资金入库效率，减缓社会震动（李扬，1999）。现有研究多是分析国债对货币供应量的影响，对银行贷款的关注度存在欠缺（彭连清，2003；潘国俊，2004；中国人民银行国库局，2008；王林元，2016；徐小天，2018），但从国债发行、流通、偿还环节出发的分析思路为本书的研究提供了一定的参考。在国债发行环节，不同购买者的购买行为，带来了不同的影响效应。非银行部门购买仅带来短期冲击，长期仍会回到均衡状态；商业银行购买的效果取决于资金来源，若使用超额准备金和央行再贷款购买都会增加流通中的货币量，若使用准备放贷或投资资金购买则不会改变货币量。在国债流通环节，中央银行公开市场操作买卖国债会改变基础货币供应，但国债在其他市场主体间流动不会改变货币量。在国债偿还环节，若偿债资金来源为税收收入，则货币量不会改变，但若运用借新还旧方式则会带来货币供应量的永久改变。二是地方政府债券。地方政府债券是地方政府债务的重要组成部分，由于2014年前后政策要求的改变，学术界对地方政府债务的研究焦点亦出现变化。作为地方政府唯一合法的筹资渠道——地方政府债券，对其与商业银行贷款之间关系的研究也日益重要。债券市场、贷款市场和商业银行之间构成了货币政策传导的现实基础。张晓斌（2016）指出，由于商业银行在信用货币基础上具有贷款创造功能，通过贷款创造存款、存款又进一步创造贷款的方式能提供大量流动性。对政府债券的购买在一定程度上挤占了贷款需求，降低了货币供应量。毛锐等（2018）构建了一个地方政府债券作用于商业银行流动性约束和私人贷款投资的 DSGE 模型。商业银行持有地方政府债券作为流动性抵押资产，在流动性约束条件下，商业银行对地方政府债券的增持势必会导致其贷款供给的相对减少。政府债券持有量越大，其风险越大。风险增加促使家庭减少政府债券的持有，而商业银行为了满足流动性约束反而会增加地方政府债券持有，这反过来进一步促进了政府债券的发行，不断推高了债务风险，形成循环叠加机制。朱军等（2020）的分析表明，当商业银行贷款总规模受到杠杆率的约束时，决定商业银行对外贷款总量规模的是银行的净资产比例。以政府债券为主要表现形式的财政扩张政策的实施，会通过商业银行对政府债券的持有而对商业银行激励约束条件产生影响，商业银行资产的重新配置导致流动性"供给枯竭压力"增加，银行"惜贷"动机加强，最终降低商业银行贷款规模、提高贷款利率。

另一方面，政府贷款资金主要来自商业银行，政府贷款构成商业银行贷款的一部分，这在地方政府债务中普遍存在。政府贷款的这一特征，使得政府债务和商业银行贷款的关系存在多样性。一是商业银行贷款影响政府债务。2008年金融危机后，我国实行适度宽松的货币政策，释放了大量流动性，货币政策与积极财政政策相配合使得政府债务和商业银行贷款存在较强的联动性。短时间内大量的公共支出为扩张的商业银行贷款找到了用途，带动了对银行贷款融资的需求（彭兴韵和施华强，2009）。这种通过债务融资维持财政刺激的方式，让银行贷款扩张成为地方政府债务风险的传导路径之一（马树才等，2020）。此时，广义政府性债务和广义贷款快速上涨，居民和企业的贷款资源被挤出，银行资产负债表恶化，金融风险增加（伏润民等，2017；李建强等，2020）。如果采取紧缩性货币政策抑制地方政府债务增长，反而会提高居民和企业的贷款成本，不利于金融系统的稳定健康发展（陈宝东和邓晓兰，2019）。刘锡良和李秋婵（2015）、夏诗园（2019）指出，更高的地方金融发展水平，会带来更高的商业银行贷款提供能力，因而其对地方政府债务的承受能力也就越大，地方政府更容易通过金融市场缓解债务压力。陈宝东和邓晓兰（2017）从财政分权和金融分权的角度，分析了商业银行贷款与政府债务的关系，认为财政分权催生了地方政府大量负债的行为，地方政府通过依托土地资源搭建的投融资平台获得了大量贷款，促进了地方政府债务增长；金融显性集权通过对金融风险强有力的控制，抑制了地方政府债务增长；金融隐性分权使得地方政府能对城市商业银行、村镇银行等地方性金融机构进行干预，催生了地方政府债务。财政分权和金融隐性分权效应相互促进，而金融显性分权仅仅抵消了前两者的部分效应，最终仍表现为银行贷款促进地方政府债务扩张。

二是政府债务影响商业银行贷款。吕健（2015）认为使用地方政府债务资金可以创造投资机会，这个过程能够提高市场中的流动性，还可以促进基础设施投资。但债务的大量举借也增加了地方政府的债务负担，"借新还旧"成为地方政府偿还到期债务的重要措施。巨额地方政府债务导致大量流动性被用于清偿债务，市场中流动性降低。伏润民等（2017）指出由于金融机构存在对地方政府债务的软约束，政府债务可以通过债务融资和债务偿还两条路径对商业银行贷款产生影响。唐仲（2017）通过国库收支渠道对地方政府债券置换影响商业银行贷款问题进行细化分析，发现在置换债券的发行环节，如果非银行机构购买债券，其在商业银行账户中的存款将减少，与之相对的财政存款将增加；如果商业银行购买债券，商业银行的存款准备金会相应减少，与之相对应的政府在中央银行的财政存款科目会增加。在置换债券偿还环节，资金的流动方向则相反。然而，由于发行环节和偿还环节的间隔时间较短，债券置换仅对货币供给存在短期冲击。当运用"借新还旧"的方式偿还置换债时，这部分资金最终将"沉淀"下来，以金融资产的形式长期存在。

三是政府债务与商业银行贷款相互影响。胡援成和张文君（2012）发现"金融救市"的相关政策会导致商业银行对地方政府贷款规模迅速扩大，相应的地方政府债务迅速扩张。而地方政府投资项目需要后续资金的不断投入，这在某种程度上"绑架"了商业银行，导致银行贷款规模膨胀，增加了金融风险。张成虎和金虎斌（2016）则从财政政策和货币政策协调的角度研究政府债务的影响效果，发现当政府通过增加政府债务的方式弥补财政赤字后，央行会通过货币扩张来化解累积的财政风险。一旦地方政府发现这一点，会有动机继续增加负债，倒逼央行实行宽松的货币政策。陈宝东和邓晓兰（2019）的研究结果同样支持该结论。直观角度来看，贷款在中国地方政府债务组成中占有相当大的比重，地方政府对贷款资源干预使得地方政府债务与商业银行贷款协同扩张，贷款发放的同时又派生出等量存款，进而导致货币供应量上升，迫使央行实行宽松的货币政策。间接角度来看，当地方政府债务规模扩大时，其面临的偿债压力也会随之扩大。在大部分债务以土地出让收入作为偿债来源的背景下，地方政府有足够的动力推高土地价格和房地产价格，进一步间接增加了货币供给，倒逼宽松货币政策的实施。然而宽松的货币政策又会导致地方政府债务的加速扩张，从而形成"债务扩张—贷款扩张—债务扩张"的循环模式。

三 政府债务影响商业银行贷款——利率渠道

国内外学者对政府债务通过利率渠道影响商业银行贷款进行了研究。政府债务是通过影响市场利率或存贷款利率间接影响商业银行贷款利率的，而贷款利率和贷款数量间此消彼长的关系，使得关注政府债务对市场利率的影响尤为重要。

就国外相关研究看，Engen 和 Hubbard（2004）认为政府债务潜在不利后果的大小可能取决于政府借款提高利率或减少私人贷款的程度。该研究基于 1976~2003 年美国国会预算办公室对债务和利率的预测数据，运用 VAR 模型和 OLS 回归发现政府债务每增加 GDP 的 1%，会促进实际利率增加 2 至 3 个基点。Laubach（2009）利用赤字率、债务率和国债收益率的未来 5 年的预测数据，分析财政变量与利率的长期关系，减少了反周期货币政策和财政自动稳定器引起的反向因果效应。实证结果发现：预测赤字占 GDP 的比例每增加 1%，国债收益率会上升 20 至 40 个基点。预测债务占 GDP 的比例每增加 1%，国债收益率会上升 3 至 4 个基点。Baldacci 和 Kumar（2010）运用固定效应模型和 GMM 模型对 1980~2008 年 31 个发达和新兴市场国家政府债务和长期利率的关系进行探讨，结论发现：政府债务的增加会导致长期利率大幅上升，债务占 GDP 的比例每增加 1% 会导致债券收益率上升约 5 个基点。这种效应在初始财政状况不佳、机构薄弱或不足、国内储蓄率低和获得全球资本有限的国家中更加显著。Agca 和 Celasun（2012）从政府债务和公司贷款成本角度，解释新兴市场国家政府主权外债的增加传递出的主权信用风险信号，会提高企业向外国财团贷款时面临的贷款利差。即使不考虑主权信用风险情况的变化，主权外债的增加也可能导致同一国家的私人企业进入国际债务市场的可能性变低，贷款成本变高。对应一

个标准差主权债务的增加，挤出效应将使贷款利差增加9%。而政府
国内债务发行的挤出效应并不显著。主权政府发行国内债务并不会
对外国银行的投资组合产生影响，因此也不会推高企业的借贷成本。
De Bonis 和 Stacchini（2013）指出政府债务影响银行贷款存在三种
途径。一是政府债务对私人贷款的挤出效应；二是贷款限额或投资
组合限制代表的金融抑制迫使银行投资政府债务；三是政府债券利
率不仅仅作为政府债券成本的基准，更是银行贷款成本的基准，它
的上升会直接引发银行融资成本的上升，并最终导致银行贷款的减
少。Albertazzi 等（2014）指出主权风险主要作用于利率渠道，会影
响商业银行存款和贷款条件。银行借款成本或贷款利率会随着政府
债券收益率的上升而上升，因为套利机制的存在，政府债券是市场
上最重要的投资机会。通过对意大利10年期国债和同时期德国国债
的息差如何影响银行资产负债表进行检验，发现意大利国债息差的
增加导致银行购买新发行债券的利差从正常时期的70个基点，增加
到危机时期的100个基点。而对于银行贷款利率，主权债务息差增
加100个基点，会导致银行对公司贷款利率增加70个基点，对家庭
抵押贷款利率增加30个基点。Angeletos 等（2016）发现存在金融摩
擦的情况下，政府债务通过提供能够作为缓冲库存或抵押品的资产
供应，影响经济活动和资产价格。此时如果减少金融摩擦，会提高
利率、增加政府债务成本。因此，很多时候金融摩擦被保持在稳定
状态，以压低公共债务的利率。Blanchard（2019）通过对美国相关
历史数据研究发现，债务利率长期低于经济增长率，债务占GDP的
比例随着时间推移而下降，意味着债务展期成为可能，政府发行债
务而不用增加税收，不存在财政成本，但具有较低的福利成本。然
而，当债务足够高时，债务增长导致的利率上涨足以扭转债务利率
低于经济增长率的状况，进而带来正的财政成本和更高的福利成本。
Thia（2020）运用 Thomson Reuters 贷款数据库提供的1990~2017年
数据研究政府债务、贷款息差（loans spreads）和贷款规模的关系，

发现政府债务占 GDP 比例上升显著增加了贷款息差，而贷款息差上升则显著降低了贷款规模，论证了"政府债务上升—贷款息差上升—贷款规模下降"的影响路径。银行贷款会对市场贷款需求、风险和其他因素做出反应。然而，现实情况下高赤字并未伴随更高的利率，各国央行采取的宽松货币政策将超低利率、甚至是负利率，与大量购买政府长期债券结合起来，以刺激经济增长。

就国内研究来看，政府债务规模和利率发挥着影响市场利率的作用。货币政策传导机制中债券之所以成为重要的工具，是因为其兼具利率属性和融资属性。国债、地方政府债和"城投债"等债券的大规模发行必然会冲击债券市场。一方面，政府债务发行增加了债券市场中的资金需求量，在货币供应量不变的情况下会导致利率上升，融资成本增加。在财政政策的刺激下，中央银行迫于稳定利率的压力而实施公开市场操作，在市场中购买债券，释放基础货币，抑制利率上涨（陈勇，2010）。然而，彭连清（2003）对 1985～2000 年国债发行额占 GDP 比重与名义利率、实际利率的关系进行分析，并未发现国债与利率间存在相关性。这一方面是由于当时实行非市场化利率体制，另一方面可能是因为国债融资本身带来的货币扩张效应在一定程度上抵消了国债融资的利率效应。张雪莹等（2016）采用门限回归模型和 GMM 方法研究了 1990 年第一季度至2013 年第四季度英国、澳大利亚、新西兰、瑞典、泰国、墨西哥、南非和中国等 8 个国家的政府债务规模是否影响利率对通货膨胀的反应系数。研究发现央行货币政策的影响效果受到政府债务水平约束，当政府债务规模超过门限临界值时，政府债务在导致通货膨胀率水平上升的同时会阻碍货币政策利率对通货膨胀的传导，最终导致"高政府债务—高通货膨胀"的恶性循环。王仕进和刘杰（2017）的研究表明，由于受到资本充足率的约束以及在不同资产组合间存在的调整成本，银行不能快速对政府债务上升做出反应，短期内表现为期限溢价上涨，长期利率上行。张雪莹和焦健（2019）

则从金融市场利率出发，发现地方政府债务规模的扩张将通过对国债收益率的提升，增加中央政府国债融资的成本。地方政府债券存量增加（毛锐等，2018）或是对土地财政的负向冲击（李玉龙，2019），会增加地方政府债务风险，导致债券利率上升和债券价格下降。另一方面，作为金融市场中的基准利率，政府债券利率会对市场的利率水平产生影响。目前货币政策中间目标逐渐从数量型指标转化为价格型指标，利率指标在货币政策调控中的作用也越来越重要。当政府债务对利率产生影响时，央行可以通过货币政策手段平滑市场利率的波动，以避免对市场预期和投资者行为产生影响。通过对贷款数量、存贷比和法定存款准备金率的调整，能加强政策利率的传导效果（马骏等，2016），例如降低存款准备金率的数量型货币政策工具可以更有效地降低置换债导致的贷款利差（梁琪和郝毅，2019）。通过调整存贷款基准利率、公开市场操作利率能引导债券市场利率的变动（祝鸿玲和柴鹏，2019），例如国债同样能发挥在市场利率调控中的作用（王林元，2016）。

第四节　对已有研究的评述

现有文献对政府债务影响商业银行贷款的理论机制和现实影响进行了分析，理论机制从不同角度进行论证得出了不同的结果，实证研究运用不同的数据和方法得出了不同的结论。主要的原因在于以下三个方面。

一是忽视了财政部门和银行在贷款调控中的"双主体"地位。李俊生等（2020）指出财政部门和中央银行作为货币调控的"双主体"，财政部门依托国库集中收付制度和国库现金管理制度调控财政资金，发挥着调控市场中货币量的能力。然而，目前对政府债务影响商业银行贷款的研究，并未重视财政部门对银行贷款的影响力，仅将政府债券纳入金融体系内部进行研究。

二是政府贷款和政府债券对银行贷款的影响是不同的，现有研究并未对二者进行详细区分。当政府贷款是政府债务的重要组成部分时，政府债务的扩张需要贷款扩张的支持，表现为政府债务和银行贷款规模的同时扩张。而政府债券和银行贷款则分别属于间接融资方式和直接融资方式。债券作为直接融资渠道，资金从购买方直接转入到需求方，银行存款并未变化，贷款规模也不发生改变（张晓斌，2016）。但是政府债券不同于普通债券，债券资金通过财政过渡账户缴入国库形成财政存款，会导致流通中的货币量降低（李俊生等，2020），可贷资金减少。可见，不同的政府债务形式对贷款的影响是不同的。

三是政府债券不同阶段对银行贷款的影响也是不同的，现有研究混淆了债券的不同阶段导致结论出现差异。例如对中国地方政府债务的研究，学者们常用市政领域的"固定资产投资-预算内资金投入-土地出让收入中的投资资金-投资项目盈利现金流入"的方式衡量地方政府债务新增量，如陈宝东和邓晓兰（2017）、吕健（2015）、张成虎和金虎斌（2016）的研究，并基于此得出地方政府债务发行会导致银行贷款扩张的结论。但是债务资金投向市政领域代表该笔资金已经处于使用阶段，而不是发行阶段。政府债券在发行环节、流通环节、使用环节和偿还环节对商业银行贷款的影响是不同的。甄别政府债券的不同阶段对于分析政府债券影响商业银行贷款的具体表现至关重要。

第三章　政府债务影响商业银行贷款的理论基础

现有理论对政府债务的评价不一，"反对派"认为政府债务对企业投资存在挤出效应，阻碍了经济发展；"支持派"认为政府债务增加了消费和就业，促进了经济增长。结论的不统一源于不同的历史经济背景，也源于对政府债务影响宏观经济变量的机制路径的不同认知。为增强对政府债务实践的解释力和预测力，本章梳理了财政信贷综合平衡论、货币主义、现代货币理论和新市场财政学等理论中，与财政和央行关系、政府债务影响相关的研究，为本书研究政府债务影响商业银行贷款规模提供理论基础。

第一节　财政信贷综合平衡论

财政信贷综合平衡论是由我国学者黄达提出，从总量分析角度探索财政和信贷收支的联系和相互作用的理论。黄达从货币流通入手，在明确财政收支和信贷收支高度集中性和对其他资金控制性作用的基础上，探寻如何统筹安排财政收支和信贷收支，以实现货币流通的稳定和市场供需的基本协调。该理论研究成果收录在《财政信贷综合平衡导论》一书中。财政信贷综合平衡论从信贷收支差额、财政收支差额以及财政信贷结合部三个方面对财政信贷关系进行讨论，其主要结论包括以下三点。

一是信贷收支差额需要财政来平衡。信贷收支差额主要是指信贷投放大于客观经济条件所决定的信贷资金之差，即信贷收支供给大于需求的部分。对于信贷本身来说，可通过合理规划短期贷款、控制长期贷款等方式来解决。当上述方式不能减少信贷收支差额时，则需要财政政策来辅助平衡，即通过降低财政支出或将财政资金增拨信贷基金的方式，降低现实流通中的货币量。

二是财政收支差额需要信贷来平衡。财政收支差额主要是指财政支出大于财政收入的部分，这意味着过多的货币被投入到流通中。由于流通中货币的吞吐渠道是信贷货币，财政收支差额的平衡仅能通过信贷对财政贷款支持来创造一个流通中货币不足的环境。此时，信贷需要满足一定的条件：在信贷资金满足不可避免的长期贷款后，仍然供给小于需求，即当财政收支存在差额时，如果财政收支差额难以降低，必须通过压低长期贷款来保持平衡。

三是财政信贷结合部[①]。财政信贷结合部意味着财政和信贷的紧密联系，可从财政银行关系、政府债务和代理财政金库等方面来理解。就财政银行关系来看，财政信贷综合平衡论认为财政和银行是社会主义国家的两个钱袋子，因为无论是否将信贷资金纳入财政收支范围统计，财政资金和信贷资金均是由国家直接支配，区别仅为支配形式不同。就政府债务来看，在国家信用和银行信用发展初期，财政主要通过向银行借款的方式弥补先支后收的矛盾。随着政府债务比重的不断增加，中央银行和商业银行直接购买政府债务的比重较大，如果这部分资金不购买政府债务，将成为金融市场货币供给的一部分，这就使得政府债务降低了银行信贷资金，政府债券买卖成为调节金融市场供求和利率高低的工具。就代理财政金库来看，银行代理财政金库，可以使银行获得一项稳定的资金来源。即使随着财政资金的收入和支出，财政金库中的资金量存在差异，但财政

---

① 原书中用"在财政收支和信贷收支之间有个犬牙交错的结合部"来表述，用以形象概括财政部门和信贷部门间的资金渗透关系。具体案例包括代理财政金库、银行结益上缴、国有企业亏损弥补等。

金库中仍然有一部分资金余额，银行可支配财政金库资金，满足其短期性和长期性资金来源。

从财政信贷综合平衡论的观点来看，财政收支和信贷收支相互联系、相互平衡。信贷收支差额通过财政收支的变动来弥补，财政收支差额通过信贷资金支持，财政和银行作为两个钱袋子，共同对金融市场中的货币流通量进行调节。该理论在当前加强财政政策和货币政策协调的背景下具有重要的现实意义，其对政府债务、财政国库作为财政和银行协调领域的论断，在当前社会经济背景下同样适用。然而，随着政府债务比重增加、银行不得向政府贷款、国库集中收付制度改革等新情况的不断出现，通过银行向财政贷款解决财政收支差额的方式已不再适用，政府债务成为弥补财政收支差额的主要方式。国库集中收付制度改革下，国库单一账户开设在中央银行，但中央银行不具有对国库资金的支配权，这部分资金全部由财政部门支配，财政部门在货币调控中的实际作用比财政信贷综合平衡论论述的更大。可见，财政信贷综合平衡论对于财政和货币关系的论述值得借鉴，但随着社会经济实践的发展，某些论述已不再适用，需要在新形势新背景下对财政货币实践进行重新认识和解读。

第二节　货币主义

货币主义也称为货币学派，其主要代表人物为米尔顿·弗里德曼。该学派反对国家干预经济，认为货币供应量及其变动是影响经济活动和物价水平的主要因素，主张实行"单一规则"的货币政策。

弗里德曼坚持自由主义经济，认为政府干预会破坏市场机制，阻碍经济发展。凯恩斯实行的刺激经济的财政政策和货币政策，反而带来了经济的不稳定性，20世纪70年代"滞胀"的产生正是凯恩斯学派不适应经济发展的体现。弗里德曼认为通货膨胀的产生是一种货币现象而非经济现象，政府有足够的激励保持甚至助推通货膨胀的产生。这主要体现在两个方面。一是货币量的扩大增加了税收收入和政府购买力。货币供应量的增加，增加了企业或个人的名义收入，进而增加了政府税收收入和政府掌握的货币量，增加了政府购买力。二是减少尚未偿还的政府债务价值。通货膨胀导致货币的实际购买力下降，虽然政府债务偿还本金支付的货币量相等，但货币实际购买力的下降，会降低政府债务的偿还成本，等价于降低了政府债务实际偿还额。正是考虑到通货膨胀对政府的强大诱惑力，弗里德曼反对任何形式的国家干预，提倡控制货币供应量，实行"单一规则"的货币政策。

"单一规则"的货币政策是将货币供应量作为唯一的政策工具，政府公开宣布一个在长期内固定不变的货币增长率。货币学派论证了货币供应量的外生性，货币供应量的决定因素包括基础货币、存款准备金占商业银行存款的比例、非银行部门持有的现金占商业银行存款的比例，分别受中央银行、商业银行和社会公众影响。在存款准备金占商业银行存款的比例和非银行部门持有的现金占商业银行存款的比例固定或变化较小时，主要通过中央银行对基础货币的调控来实现对货币供应量的调控。货币学派坚持"货币最重要"，一切经济政策和调节手段离不开对货币量的改变，中央银行以稳定货币为目标，通过对基础货币的调控，控制市场中的货币量，进而调控整个经济，除此之外不应该对经济施加任何干预。

货币学派反对政府部门对经济的干预，仅支持货币当局对货币量的调控。虽然政府部门通过征税、发债等方式从货币发行中受益，但政府部门无法参与到货币发行过程中。货币当局是唯一决定货币发行的主体，其贯彻执行的货币政策主要以稳定货币为目标，以货币供应量增长率为控制指标对货币供应量进行调控。货币学派对财政和银行关系的讨论并未考虑到财政部门对货币流通量的调控作用，在对凯恩斯财政政策和货币政策的批判上矫枉过正。财政部门不是经济的对立面，不是市场失灵的"救世主"，财政部门同样是货币市场中的主体之一。2008 年金融危机后货币政策效果减弱，财政政策发挥重要作用的实践，使我们反思财政和银行关系，更加重视财政部门在货币市场中的作用。

第三节　现代货币理论

现代货币理论（Modern Monetary Theory，简称 MMT）产生于 20世纪 90 年代，是后凯恩斯主义的一个分支。MMT 理论秉持货币国定论、财政赤字货币化和最后雇佣者理念（张晓晶和刘磊，2019），形成一套逻辑自洽的宏观经济分析方法。在当前货币政策效果弱化和财政政策作用突出的背景下，为债务驱动型经济增长模式提供了理论支撑（闫坤和孟艳，2020）。虽然该理论存在不足，且不适用于当前中国的制度和经济环境，但该理论对财政赤字弥补方式的讨论、政府债务影响路径的分析、对财政-央行关系的探讨，为本书研究政府债务与商业银行贷款的关系提供了有益的理论参考。

MMT 理论的核心理念之一为"财政赤字货币化"。"财政赤字货币化"是指政府部门通过发债，影响一系列账户间资金的流动，最终导致中央银行增加基础货币的操作。赤字货币化的形式很多，简单的赤字货币化模式是中央银行直接购买国债，实现中央银行资产负债表资产端和负债端的同时增加。复杂的赤字货币化模式下，商业银行购买政府债券，导致商业银行超额准备金变为政府存款，超额准备金减少使得银行间市场利率上升，中央银行通过公开市场操作维持利率稳定，释放基础货币，最终使中央银行资产负债表国债规模增加，政府存款增加（Wray，2015）。政府债务通过各种途径最终实现对中央银行行为的影响，这是基于以下两个重要的前提假设。

一是政府债务能对账户间的资金流动产生影响，这主要是通过两个制度安排实现的：税收驱动货币和中央银行账户。就税收驱动货币来看，MMT 理论中的"现代货币"是指法定货币，相较于私人信用货币，现代货币建立在国家拥有征税的权力以及拥有确定征税支付货币的权力基础上。现代货币是政府部门以国家信用背书发行的信用货币，通过政府财政支出方式将信用货币投放到市场中，在换取政府部门运行所需的产品和服务的基础上，增加了私人部门拥有的信用货币。政府拥有征税的权利，使得私人部门与政府部门存在债权债务关系；政府要求私人部门运用信用货币交税，使得信用货币成为私人部门清偿与政府债务的必要工具。这增加了私人部门对政府发行的信用货币的持有意愿，创造了经济体系对信用货币的需要。这也是现代货币理论被称为"税收驱动货币"的原因（Tcherneva，2006）。政府的高信用基础和税收的强制性，使得信用货币成为市场中其他货币间交易和清算的凭证。政府通过财政支出的方式释放货币，并通过税收的方式回笼货币，控制了市场中的货币量。就中央银行账户看，MMT 理论认为财政部门将账户开设在中央银行，使得税收、政府支出、发行债务等操作都会让资金在中央银行账户和商业银行账户间流动，进而改变商业银行存款准备金规模（闫坤和孟艳，2019），实现对市场中资金流的调控。政府债务的这种调控能力，使得财政部门在将政府债务作为赤字融资手段的同时，也将其作为实现货币调控的手段。MMT 理论对政府债务发挥货币调控功能进行了分析，指出政府发债的直接作用对象是超额存款准备金，通过调控超额存款准备金，将隔夜利率维持在一定水平。此时，财政政策实质上有着与货币政策相同的作用（梁捷等，2020）。

二是财政部门垄断了货币发行权。基于税收驱动货币，政府部门对发行货币有绝对的话语权，主张功能性财政，将保持币值稳定和达到充分就业作为财政政策的目标。此时，政府财政支出不会受到任何融资约束，可以支持政府部门任意水平的支出要求；中央银行是财政部门的附属单位，按照财政部门的要求创造信用货币，服务于政府财政的支出要求。私人部门的盈余是财政赤字，财政支出和税收在信用货币投放和回笼间的差额构成了政府债务，政府债务越高，私人部门拥有的信用货币越多，收入的增加将刺激支出和投资，带来经济增长。同时，政府债务水平越高，财政部门支配的信用货币越多，这部分资金通过增加基础设施、教育医疗卫生等领域的投资，提供更好的公共物品和服务，消除贫困、缩小贫富差距。

MMT 理论认为运用债务融资不仅能促进经济繁荣，调节贫富差距，还不会引发通货膨胀。因为政府部门拥有货币发行权，其获得的债务资金被直接注入实体经济中，避免了主流货币理论运用货币政策增加市场中货币量导致的资产价值上升。MMT 理论认为，在严重失业、税收驱动货币或货币内生性等任意一种情况下，财政赤字货币化均不会带来通货膨胀。当社会出现严重失业时，政府部门发挥最后雇佣者角色。财政部门通过吸收闲置资金和央行创造货币的方式满足债务融资要求，在增加就业机会和提高产出的基础上，也提高了闲置资金的利用率。经济产出和信用货币同时增加，不会引起通货膨胀。当政府部门利用征税权力确立了信用货币法定货币的定位后，面对通货膨胀过高的情形，政府部门可以利用征税权力"抽走"市场中多余的资金。当货币供给存在内生性时，存款货币创造受到多种因素的影响，中央银行不能完全决定市场中的货币供给量，可能导致"流动性陷阱"问题。市场对货币量需求的降低，使得即使中央银行增加了基础货币的投放，也不会增加贷款发行，这时只有增加政府部门杠杆，加大债务规模来增加社会投资，才能避免经济衰退。

在 MMT 理论中，财政部门掌握货币发行权。在政府债务能够影响账户间资金流动的基础上，论述了赤字货币化的政策选择，以及如何避免发生通货膨胀的保障措施。但以我国国情来看，财政赤字货币化下央行失去了货币政策独立性，违背了《中华人民共和国中国人民银行法》关于央行不可直接购买国债的相关规定。通过发行货币为政府债务融资将放松财政纪律，使得政府有极大激励超发货币，长此以往容易导致恶性通货膨胀和经济社会动荡（闫坤和孟艳，2020）。不仅如此，财政部门拥有货币发行权，中央银行从属于财政部门的财政-央行关系，也不符合中国的实际经济和制度环境。财政与中央银行相互配合，财政政策与货币政策相互协调才是当前时代发展的主流。值得一提的是，MMT 理论关于政府债务影响中央银行和商业银行账户中资金流动，进而影响市场中货币流通量的思想和路径分析，为本书提供了借鉴和参考。

第四节　新市场财政学

新市场财政学（Neo-public Finance）的相关理论是李俊生在充分研究古今中外财政学的理论成果，批判性继承主流财政学派的观点主张，深入分析财政理论内核的基础上，基于我国财政实践所构建的一个新的财政学研究范式。现有主流财政学理论将财政学作为经济学的一个分支，忽视了学术史的发展事实及财政学本身的跨学科属性；将财政学的理论基础建立在市场失灵之上，却忽视这一理论基础本身是一个悖论的事实，降低了财政学对现实实践的解释力和预测力（李俊生，2017）。

新市场财政学以"社会共同需要"为核心概念，配合"市场平台观"、"政府参与观"、"市场规则观"和"公共价值观"，从新的研究视角重建财政学的解释力和预测力。新市场财政学认为财政活动发生的根本原因，是财政集中支配部分社会性资源来满足一定范围内的"社会共同需要"。无论财政经济政策发生什么样的变化，财政活动满足"社会共同需要"的本质都不会发生改变（李俊生，2016）。通过借鉴营销学、产业组织学、社会学等跨学科观点，新市场财政学运用"市场平台观"作为核心概念，解释了政府并非只在市场失灵的领域才能发挥作用，在市场中的其他领域也同样存在活动的身影。新市场财政学批判继承了欧洲大陆学派和新公共管理运动的观点，运用"政府参与观"作为核心概念，解释政府是市场中的参与主体，不存在政府与市场的边界问题，政府以平等的地位与市场中其他参与者进行互动。为避免政府集"运动员与裁判员"于一身，"市场规则观"认为政府与市场中的其他主体间应相互博弈和妥协，共同建立市场规则，也共同受市场规则约束。私人部门在市场中以实现私人价值为目标，公共部门以创造公共价值、满足社会共同需要为目标，贯彻"公共价值观"。新市场财政学对公共部门与私人部门、政府与市场关系的重新定位，为理解和分析当前财政现象和财政实践提供了新的研究思路，也为政府制定财政政策提供了相应的理论依据（李俊生和姚东旻，2018）。

新市场财政学在理论体系的构建基础上，以市场上货币流通的运行机制为视角，在货币市场平台上，提出了财政和中央银行"双主体"的货币调控机制。该货币调控机制的两大基础，即财政-央行"双主体"体系和国库集中收付制度（李俊生等，2020）。

一是财政-央行"双主体"体系。在货币市场平台中，财政部门和中央银行共同对市场中的货币量进行调控。政府部门不是市场的对立面，也不是市场危机的"救世主"。"市场平台观"认为政府部门本身就是货币市场平台中的主体，与企业、个人等其他主体一样，通过各种活动和途径对市场中的货币流通产生影响。然而，由于人民币是基于我国主权财政信用发行的信用货币，人民币的财政属性以及政府部门对货币发行的独占权（李俊生等，2020），使得政府部门相对于其他市场主体拥有对货币流通更强有力的调控力，因此政府财政部门和中央银行在货币市场中的地位举足轻重。不同于主流货币学派关于中央银行是货币调控的唯一主体的论断，货币的财政属性和《中华人民共和国预算法》、国库集中收付制度的存在赋予了财政部门对货币流通的独立于中央银行的调控能力，这就构建了财政-央行"双主体"货币调控体系。该体系认为货币的发行权仍然归属于财政部门，财政部门通过财政收支活动和国库现金管理渠道影响货币流通量。中央银行依托国家财政信用印制与发行货币，通过存款准备金率、再贷款、公开市场操作等手段调控基础货币，并通过中央银行-商业银行-社会公众的"三元双层"货币供给体系为市场提供货币量。新市场财政学对财政-央行"双主体"的论断，符合当前要求财政政策和货币政策相协调的现实需要，财政部门和中央银行是分析市场货币流通特征不可或缺的两个主体。对政府债务如何改变商业银行账户中的货币流通的研究，内生于财政部门和中央银行货币调控框架体系内，使得新市场财政学成为政府债务与商业银行贷款关系分析的理论支撑。

二是财政通过国库集中收付制度发挥调控作用。财政本身就在市场上"游走"，是市场平台中的主体之一，运用税收和债务等方式在市场中筹集财政资金，并通过提供公共物品和服务的方式在市场中支出财政资金，充分印证了"政府参与观"下财政部门平等参与市场活动的论述。财政部门在货币市场平台中调控货币流通量，不仅依赖于货币财政职能属性的理论基础，也依赖于国库集中收付制度的制度基础。财政收入按照国库集中收入制度的要求，全部进入财政部门在央行开设的国库单一账户中，增加了国库中财政存款量，导致市场中的流通货币量降低；财政支出按照国库集中支付制度的要求，通过代理的商业银行渠道向市场中支付资金，导致市场中流通货币增加，国库中财政存款降低。当财政收入和财政支出在数额上和时间上存在差异时，部分资金会滞留在国库中。这部分资金通过国库现金管理转换为商业银行定期存款，在调整国库中财政存款结构的同时，实现对市场中货币量的阶段性调整。依托国库集中收付制度，政府财政收入、财政支出、国库现金管理等操作均会对市场中的货币量产生影响。政府债务本身是政府财政收入的组成部分之一，债务资金的管理和一般财政收入相同，同样按照国库集中收入制度的要求缴入国库中进行管理；随国库现金管理活动流入商业银行存款账户中，并在到期时转回；按照国库集中支付制度要求从国库支付给项目单位；债务相较于普通财政收入的还本付息支出，也受到国库集中收付制度的管理。这就使得政府债务与一般财政收入一样，同样具有对货币流通的调控能力。

在财政-央行"双主体"货币调控体系下，财政部门通过财政收支活动、中央银行通过货币政策工具，共同影响市场中的货币量。政府债务本身就是政府财政收入的组成部分之一，依托国库集中收付制度也发挥对市场平台中货币量的调控力，同时亦适用于财政-央行"双主体"货币调控体系，发挥政府债务对商业银行贷款的影响力。

第五节　小结

通过对财政信贷综合平衡论、货币主义、现代货币理论和新市场财政学中关于财政和银行关系、政府债务影响的分析，本书发现财政信贷综合平衡论、货币学派、现代货币理论的部分思想值得借鉴，但整体来说新市场财政学更适合作为本书分析政府债务与商业银行贷款关系的理论基础。

从上文的分析可看出，财政信贷综合平衡论中对财政和银行两个钱袋子的讨论，在当前加强财政政策和货币政策协调上具有现实意义，但其关于信贷向财政贷款、中央银行能够支配财政国库资金的论断不符合当前财政实践。货币主义对货币当局作为唯一主体调控货币供应量的观点，忽视了财政部门在货币调控中的作用。现代货币理论关于财政-央行从属关系的分析不具有对中国政府债务实践的解释力和预测力。而新市场财政学对财政-央行"双主体"关系的分析，符合当前加强财政政策和货币政策协调的现实需求，其关于财政收支通过国库集中收付制度发挥作用的思想，为理解政府债务实践、理解政府债务如何影响货币流通提供了有益的借鉴和指导。

第四章　政府债务影响商业银行贷款的制度基础：国库集中收付制度

第一节　国库改革：逐渐增强的财政调控能力

国库连通财政部门、中国人民银行和商业银行是财政部门发挥货币调控职能的通道。1950 年，为了统一国家财政收支，中央人民政府颁布了《中央金库条例》，设立中央金库和各级分金库，一切国库财政收入全部缴入同级金库中。财政统收统支，财政部门支配国库中的财政收入，中国人民银行办理国库业务，保证财政收入及时、足额入库。1985 年，《中华人民共和国国家金库条例》进一步明确了国库的职责和管理方式：财政存款由同级财政部门支配，一切预算收入按规定全额缴入国库，一切财政支出由国库依据拨款凭证统一拨付；中国人民银行由代理国库转变为经理国库，组织管理国库工作、监督国库库款的使用、与财政部共同制定国库实施细则。财政资金作为中国人民银行的信贷资金，全额缴入中国人民银行。在不设中国人民银行机构的地方或者支库以下经收处，委托当地专业银行办理财政存款业务。专业银行体系逐渐完善，是中央银行代理国库业务的有力补充。1994 年，分税制改革划分了中央与地方的事权和支出责任，将财权与事权相结合。相应地，国库组织机构也划分为中央国库和地方国库两套管理体系，满足财权和事权划分的需要（贾康等，2003）。2001 年，国库集中收付制度的改革正式开始。

《财政国库管理制度改革试点方案》（财库〔2001〕24 号）修改了财政收支的组织安排，所有政府收入全部缴入国库，所有政府支出全部由国库支付。财政部门和预算单位在商业银行开设零余额账户，商业银行代理国库制度业务形成"先支付、后清算"模式。中国人民银行经理国库的职责被弱化，商业银行的地位和作用越来越突出，成为国库业务中不可或缺的部分（如图 4-1 所示）。可以看出，随着国库管理体制的不断健全，以财政收支为纽带的财政部门、中国人民银行和商业银行的关系越来越密切，因此财政收支能通过国库影响其他主体。

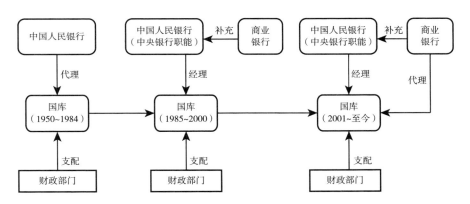

图 4-1　国库与财政部门、中国人民银行与商业银行的关系

国库资金是财政活动影响货币流通的重要载体。1983 年，财政金库存款和机关、团体等财政性存款被划为人民银行的信贷资金，列入中国人民银行资产负债表负债端"政府存款"科目管理。对财政存款性质和中国人民银行中央银行职能的确定，使得财政资金的变动能对货币发行、商业银行存款准备金等科目产生影响，在事实上建立财政活动影响货币流通的渠道。具体来看，根据资产负债表总资产与总负债相等的特征，在其他条件不变的情况下，资产负债表任意科目的变化可能出现"资产一增一减"、"负债一增一减"、"资产负债同增"和"资产负债同减"等其中一种变化。财政性存款作为负债科目，其增加（减少）会导致资产科目的等额增加（减少）或其他负债科目的等额减少（增加）。以财政赤字的弥补方式为例，如果财政赤字通过向中国人民银行透支弥补或者通过中国人民银行直接购买政府债券弥补，在资产负债表上则表现为"政府存款"负债科目的增加和"对政府债权"资产科目的增加；如果财政赤字是通过发行国债弥补，且中国人民银行不采取措施应对国债发行带来的流动性紧缩，在资产负债表上则表现为"政府存款"负债科目的增加和"金融性公司存款"等负债科目的减少，这在事实上减少了商业银行存款准备金规模，并影响后续的贷款和存款创造。1998年，中国人民银行发布《关于改革存款准备金制度的通知》（银发〔1998〕118号），重新界定财政性存款的范围，"中央预算收入、地方金库存款和代理发行国债款项等财政存款是中央银行的资金来源，应全额就地划缴中国人民银行"。财政性存款包括预算收入、债务收入和国库存款，这部分资金随着财政收支、政府举债、国库资金管理等活动发生改变。财政性存款纳入中国人民银行资产负债表科目，但不受中国人民银行而受财政部门支配，使得财政性资金变动能通过对其他资产负债表科目的影响，影响市场中的货币流通。财政性存款成为财政部门调控货币流通的重要载体。

国库集中收付制度是财政收支影响货币流通的制度基础。2001年以前，国库资金的缴库和拨付，是通过征收机关和预算单位设置多重账户分散进行的，存在组织结构不合理和资金管理不及时等问题：人民银行分支机构设置与地方国库机构设置不匹配，预算单位重复和账户设置分散，委托管理型国库监管不到位，财政资金透明度不高，资金收支信息反馈迟缓，大量资金滞留预算单位等。鉴于此，《财政国库管理制度改革试点方案的通知》（财库〔2001〕24号）提出实施国库集中收付制度改革，对财政性资金的管理做出全局性部署。国库单一账户是财政部门开设在中国人民银行的账户，是国库收支管理和资金管理的核心体现。财政零余额账户和预算单位零余额账户开设在商业银行，用于与国库单一账户进行支付清算，日终账户余额为零。财政专户开设在商业银行，是预算外资金日常收支清算的重要渠道。国库资金在各账户间的流动如图 4-2 所示。国库集中收付制度改革从中央层面推广到省、市、县，再到乡镇，从一般公共预算收入到囊括政府预算的四本账①和预算外资金，从收支业务纸质化处理到支付业务电子化管理等，国库集中收付制度改革向纵深不断推进，制度不断完善（如表 4-1 所示）。财政部门有效掌握的资金规模越来越大，国库单一账户中管理的资金规模和资金变动频率增加，财政部门和财政活动对货币流通的影响力也越来越强。

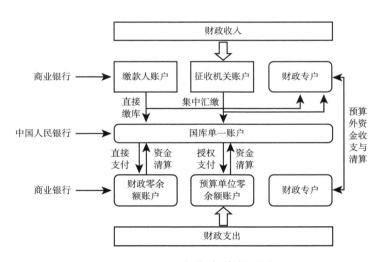

图 4-2　国库集中收付制度

总的来看，随着国库组织架构和管理制度的不断完善，财政收支活动通过国库影响市场货币流通的功能越来越受到重视。李俊生等（2020）在新市场财政学框架下论证了财政-央行"双主体"货

---

① 预算"四本账"包括一般公共预算、政府性基金预算、国有资本经营预算、社会保险基金预算。

币调控机制。国库将居民个人、财政部门、中国人民银行和商业银行联系起来，在国库集中收付制度下，财政收支活动通过调控财政性存款，影响中国人民银行资产负债表，进而实现对商业银行资产负债表的影响。政府债务收入是财政收入的一部分，政府债务的发行、流通、使用和偿还纳入国库管理，其增减变动通过国库渠道对货币流通产生影响，进而表现出政府债务对货币流通的调控力。

表 4-1 国库集中收付制度改革历程

年份	改革要求	文件名	具体规定
2001	改革开始	《财政国库管理制度改革试点方案》(财库〔2001〕24 号)	所有财政性资金都纳入国库单一账户体系管理。
2002	中央试点	《中央单位财政国库管理制度改革试点资金支付管理办法》(财库〔2002〕28 号)	中央试点单位财政性资金开始实行国库集中收付制度管理。
2006	地方推进	《国家税务总局关于扩大国库集中支付改革范围的通知》(国税函〔2006〕638 号)	中央部门国库集中支付改革必须下推一级。
2007	税收收入横向联网	《财政部、国家税务总局、中国人民银行关于印发〈财税库银税收收入电子缴库横向联网实施方案〉的通知》(财库〔2007〕49 号)	通过财政部门、税务机关、国库、商业银行间横向联网，实行税收收入电子缴库和财税库信息共享。
2007	省、市、县部署	《财政部关于深化地方国库集中收付制度改革的指导意见》(财库〔2007〕51 号)	省级财政所有财政性资金纳入国库集中支付改革范围。 地市级财政推进到所有基层预算单位。 县级财政要结合本地特点，积极创造条件，稳步推进。
2013	支付业务电子化管理	《国库集中支付业务电子化管理暂行办法》(财库〔2013〕173 号)	规范国库集中支付业务电子化管理，利用信息网络技术办理国库集中支付业务。
2014	乡镇改革	《财政部关于乡镇国库集中支付制度改革的指导意见》(财库〔2014〕177 号)	具备条件的乡镇应在 2015 年底前实施国库集中支付制度改革。

资料来源：作者根据公开资料整理。

第二节　"集中"与"隔离"：国库功能的主要体现

国库的"集中"和"隔离"功能是财政活动影响货币流通的重要依据。财政收支集中于国库，隔离于流通，财政存款放入"国库"中，不受外界货币流通的被动影响，却能在财政政策的指导下主动影响货币流通。政府债务作为财政收支活动的重要组成部分，国库的"集中"和"隔离"功能在政府债务上发挥作用，使得政府债务在特征上区别于普通债务，在功能上能对货币流通产生影响（如图4-3所示）。

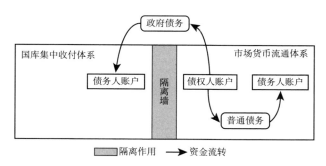

图4-3　政府债务与普通债务的特征差异

国库集中收付制度改革，突出了国库的"集中"和"隔离"功能（李俊生等，2020）。"集中"功能体现在财政收支集中于国库账户中。从组织架构看，国库单一账户"集中"了所有纳入预算管理的资金，是财政资金存放的静态集中。2014年《中华人民共和国预算法》要求"政府的全部收入和支出都应当纳入预算……实行国库集中收付管理"，为财政资金的集中提供了法律基础。从制度安排看，国库集中收付制度"集中"了所有纳入预算管理的资金，是财政资金收支的动态集中。所有财政收入通过缴款人账户直接缴入或通过征收机关账户汇总缴入国库单一账户中，形成了"个人账户—

国库"或"个人账户—征收机关—国库"的集中收入路径。所有财政支出先通过零余额账户转至收款人账户，再由国库单一账户与零余额账户进行清算，形成了"商业银行—个人账户"和"国库—商业银行"的集中支出路径。"隔离"功能体现在国库存款隔离于流通货币。一是国库单一账户开设在中国人民银行，是位于货币流通市场之外的独立账户。中国人民银行履行"银行的银行"职能，主要负责制定和实施货币政策，不直接参与货币流通。国库单一账户开设在中国人民银行，在客观上独立于货币流通体系，使得国库财政存款与流通货币相互隔离。二是国库财政存款不纳入货币统计口径，属于非流通性质的货币。国库财政存款是中国人民银行资产负债表负债端的一部分，但并不包括在基础货币的统计之中，也不属于广义货币供应量。国库财政存款来自货币流通市场，是金融系统中已有的货币供应量，只是暂时从流通体系中脱离。同时，国库财政存款是由国库日常收支差额累积形成，在根本上取决于财政政策的制定和施行，而不是中国人民银行可以通过某些变量的增减直接调控的。这就导致了国库财政存款在事实上独立于货币流通体系。

国库的"集中"和"隔离"功能，使政府债务区别于普通债务，进而能发挥对货币流通的调控作用。如图4-3所示，政府债务与普通债务的最大不同点在于，前者纳入国库管理，后者并不纳入国库管理。普通债务是以企业信用或资产质押背书，向包括个人、商业银行、机构投资者等在内的市场主体筹集资金。债务人获得资金后，部分存入其在商业银行开设的账户中，部分投入生产活动中。投入生产活动中的资金又被商品或服务的提供商存入商业银行。整体来看，普通债务资金从债权人的账户中流出后，在债务人和提供商的账户中流转。由于这些账户均是开设在商业银行的普通账户，账户内资金仍包含在货币统计口径内，因此普通债务资金的流转仅仅限于货币流通体系范围内，不改变流通中的货币量。债务发行过程中，债权人账户中资金的减少会导致债务人账户中资金的等量增加；债务偿还过程中，债权人账户中资金的增加也意味着债务人账户中资金的等量减少。可以看出，由于普通债务并未纳入国库集中收入管理，其带来的资金增减变化仍属于货币流通体系范围内，因此普通债务并不具有对流通货币的调控力。与之相反，政府债务则纳入国库集中收付制度管理，其增减变动能影响货币流通量，因此拥有了对货币流通的调控力。政府债务是财政部门以政府信用为背书在市场中发行的债务，是用于满足社会共同需要的资金筹集手段。政府债务资金全部纳入预算管理和国库集中收付制度管理，财政部门对政府债务的发行时间、发行规模、资金支出和使用，以及债务还本付息等流程进行规划控制。财政部门发行政府债务，货币流通市场中的其他主体购买政府债务，债权人获得债务凭证支付资金，资金进入财政部门账户即国库单一账户。由于国库单一账户是与货币流通市场相"隔离"的账户，债务资金便从流通货币变为不可流通货币，不再纳入货币统计口径，因而改变了市场中的货币流通量。政府债务发行过程中，国库单一账户中财政存款增加，流通货币等量减少；政府债务使用和偿还过程中，国库单一账户中财政存款减少，流通货币等量增加。可以看出，在国库集中收付制度的影响下，政府债务发行、流通、使用和偿还均会带来财政存款的增减变动，进而调节了市场中的流通货币规模，发挥出对流通货币的调控力。

通过上述分析可以发现，国库集中收付制度改革加强了国库的"集中"和"隔离"功能。财政收支活动纳入国库集中收付制度管理，使其在客观上拥有了对市场中流通货币量的调控能力。政府债务本身就是财政收支的一种，在国库集中收付制度的管理下，政府债务发行、流通、使用和偿还环节都拥有了对货币流通市场的影响力。相对于预算四本账中法定的预算收入和支出，政府债务在遵循《中华人民共和国预算法》的要求和政策规划的前提下，拥有更高的灵活性。财政部门通过对政府债务的规划管理，在宏观上实现了对流通货币的调控，在微观上实现了对商业银行等主体行为的影响。在商业银行与国库联系日益紧密的今天，关注政府债务与商业银行关系是研究财政货币效应必须关注和拓展的领域，也是加强财政政策、货币政策和宏观审慎政策协调的重要落脚点。

第三节　基于国库集中收付制度的政府债务调控力

国库集中收付制度的"隔离"和"集中"功能，在国库财政存款和货币流通市场中铸造了一堵"隔离墙"，这赋予了政府债务调控货币流通的能力。在"隔离墙"的作用下，政府债务在运行和管理的过程中导致的国库财政存款和流通货币的增减变化，将影响市场中的货币流通量。

一　政府债务发行环节的调控力

在国库集中收付制度改革之初，政府债务就全部纳入国库管理。相较于预算收支纳入国库集中收付制度管理的阶段性安排，国债在国库集中收付制度改革开始之初就纳入国库管理，地方政府债券在债券发行起就纳入国库管理，均不受国库集中收付制度改革进程的影响。对于国债，国库设置国库会计岗位，负责办理国债的发行和兑付，进行业务核算和报表编制；对于地方政府债券，无论是 2009 年至 2014 年财政部代理发行的地方政府债券，还是 2015 年后地方政府自主发行的地方政府债券，债务资金均是从债权人账户直接缴入省级国库中，并按照预算安排和还本计划进行资金分配和使用。国债和地方政府债券的管理是国库管理的重要组成部分。

政府债务发行管理，是对包括政府债务限额（余额）管理、预算管理、发行管理等一系列事项的规划和管理。政府债务发行管理中事项的不同规划，带来政府债务对国库财政存款的不同影响。

一是政府债务限额（余额）管理。政府债务限额（余额）管理包括国债余额管理和地方政府债券限额管理。国债方面，2006 年起在全国范围内实行的国债余额管理制度，通过设定一个年末不得突破的国债余额上限，达到了科学管理国债规模的目的。国债余额管理以年度预算赤字为当年年度新增国债限额，根据累计赤字和新增限额等因素合理确定国债余额限额，财政部在到期国债还本数额以内合理安排国债发行数额。地方政府债券方面，2015 年起在省级范围内开始实行地方政府债券限额管理制度，财政部根据各地区债务风险、财力状况等因素，测算出地方政府举债不得突破的限额。政府债务限额（余额）管理，通过明确债务年末余额和当年新增限额，为政府债务调控货币流通设置了数值上的"天花板"。

二是政府债务预算管理。政府债务预算管理是指对政府债务纳入预算的分类和规划进行安排。国债方面，国债发行用于弥补中央一般公共预算赤字。地方政府债券方面，地方政府债券分门别类纳入全口径预算管理，一般债券收支纳入一般公共预算管理，用于弥补没有收益的公益性事业资金缺口；专项债券收支纳入政府性基金预算管理，用于弥补有一定收益的公益性事业资金缺口。在具体的核算流程中，政府债务收入在预算合计线下反映，债务支出和债务付息支出在预算合计线上反映，债务还本支出在预算合计线下反映。相较于未纳入预算管理的政府隐性债务，政府债务纳入预算管理加强了财政部门对政府资金的掌控力，政府债务受预算规则约束的同时继承了预算资金对货币流通的控制力。

三是政府债务发行管理。政府债务发行管理是对政府债务发行主体、发行数额和利率、发行流程的一系列安排。国债方面，国债根据当年财政季节性收支差异和年度财政赤字确定发行数额，通过筹集财政资金用以支持国民经济和社会事业发展。国债由财政部和中国人民银行采取承购包销、竞争性招标等方式在银行间债券市场、证券交易所市场和商业银行柜台市场发行。承购包销方式下，国债利率由国债承销团和财政部签订承销协议来决定；竞争性招标方式下，以利率为标的，投标标位以招标日前 1~5 个工作日国债收益率曲线中相同待偿期的国债收益率算术平均值为基准上下浮动，中标的承销团成员在缴款日前将发行款一次性缴入国家金库总库中。地方政府债券方面，地方政府债券自 2009 年起由财政部代理发行，2015 年后省级政府可适度举借债务，市县级政府由省级政府代为举借。在地方政府债务限额约束下，地方政府统筹资金需求，参考国库库款充裕程度，合理确定期限结构和发行时点。地方政府债券由省级财政厅采用定向承销、竞争性招标、公开承销等方式，在银行间债券市场和证券交易所市场等市场发行。此外，商业银行柜台市场作为地方政府债券的发行市场之一，在 2019 年后逐步放开。采用竞争性招标方式发行的地方政府债券，发行利率以招标日前 1~5 个工作日国债收益率曲线中相同待偿期的国债收益率为基准。根据不同的政策要求，投标区间有的是在算术平均值与算术平均值上浮 15% 之间，有的是算术平均值上下浮动 15%，有的是算术平均值上下浮动 25%……不同年份不同省份对于地方政府债券利率浮动区间的规定不尽相同。债券发行成功后，承销机构按规定时间将发行款缴入发行省份对应的省级国库中。政府债券发行管理，对债券发行准备、发行金额、发行利率、缴款流程等进行了详细的规定，明确了政府债券从计划发行到正式发行，并最终完成债券缴款的具体流程，厘清了政府债务对国库资金和货币流通市场资金的影响路径。

政府债务纳入国库集中收付制度管理，使得政府债务这一特殊的财政收支形式同样具有了对货币流通的调控力。政府债务对货币流通的调控力，受到政府债务限额、债务规模、债务利率、债务发行流程等一系列因素的影响：债务限额决定了政府债务发挥作用的最大值，债务规模和债务利率代表了政府债务实际的影响力，债务发行流程决定了资金流通的具体路径。此过程不涉及资金在中间账户的滞留和汇缴，资金直接从承销商账户进入到国库中，实现了货币从流通状态变为非流通状态的动态过程。

二　政府债务流通环节的调控力

政府债务流通是指当政府债务资金缴入国库后的管理和操作过程。政府债务资金从进入国库到使用的过程存在一定的时滞，债务资金根据预算安排有序、及时、足额拨付到债务对应的项目上，部分尚未使用的资金仍然按照国库要求进行管理。《国务院关于深化预算管理制度改革的决定》（国发〔2014〕45 号）要求预算资金的拨付需严格按照预算、用款计划、项目进度、有关合同和规定程序执行，政府债务资金的使用同样严格遵循项目进度安排。例如，财政部《关于加强国债专项资金拨款管理的通知》（财基字〔1999〕457 号）中明确规定："根据项目工程前期准备情况、工程进度和配套资金到位情况分批拨付转贷资金，首批转贷资金按转贷资金的三分之一拨付。"国债专项投资项目对应的国债转贷资金按照工程进度分批拨付，财政部按照工程进度将资金拨付给省级政府后，由省级财政部门及时将资金拨付到项目。国债资金是国库存款的重要来源，如果国债余额和国库存款同时处于较高水平，表明有大量国债资金闲置在国库中（陈建奇和李金珊，2008）。《地方政府一般债务预算管理办法》（财预〔2016〕154 号）和《地方政府专项债务预算管理办法》（财预〔2016〕155 号）要求一般债务支出和专项债务支出应当明确到具体项目，纳入财政支出预算项目库管理，并与中期财政规划相衔接。地方各级财政部门应当依据预算调整方案及债券发行规定的预算科目和用途，使用地方政府债券资金。当需要调整债券支出的用途时，可统筹调剂项目剩余资金。这意味着债券资金并不是一次性全部被项目单位使用，而是财政部门根据国库资金的充裕程度、预算安排、重大项目决策等情况，分批次有序拨付资金。若项目资金当年未用完，可结转至下一年继续使用，但结转时间不得超过两年。可见，债券资金发行的一次性和拨付的分批次，使得已发行未使用的债券资金集中在国库中，构成财政性存款的一部分。由于国库和货币流通市场间的隔离，这部分资金在国库中仅是简单的集中，不能产生任何增值，却需要按照债券利率支付资金使用成本。债务资金并未产生收益却需要支付成本，降低了资金的使用效率，反映出对国库资金的不合理规划，需要通过国库现金管理增加债务资金的收益。

国库现金管理是政府为了最大限度地减少债务发行成本，降低征集预算收入对经济产生的负面影响，在保证国库具有应对紧急支付能力的前提下，通过金融市场操作，实现国库现金余额最小化和投资收益最大化目标的一系列财政管理活动。为了深化财政国库管理制度改革，提高国库现金的使用效益，2006 年我国开始实施中央国库现金管理，标志着国库现金管理制度的正式落地。2014 年地方国库现金管理试点在北京、上海等六个省市开展，商业银行定期存款是地方国库现金管理的唯一方式。2016 年试点地区新增天津市、河北省等 15 个省市，2017 年国库现金管理制度在省级国库中实现全面覆盖。中央和省级国库现金管理的实施，需要财政部门与人民银行共同搭建顶层框架，财政部门负责国库现金预测，中国人民银行与财政部门共同商定具体的月度、季度操作规划，并负责招标工作（如表 4-2 所示）。

表 4-2　国库现金管理改革历程

年份	改革要求	文件名	具体规定
2006	中央试点	《中央国库现金管理暂行办法》（财库〔2006〕37 号）	主要实施商业银行定期存款和买回国债两种操作方式。面向国债承销团和公开市场业务一级交易商中的商业银行总行。 以可流通国债现券作为质押，质押国债的面值数额为存款金额的 120%。

续表

年份	改革要求	文件名	具体规定
2006	操作规程	《中央国库现金管理商业银行定期存款业务操作规程》（银发〔2006〕337 号）	建立以季度、月度例会为主要内容的协调机制，用于季度操作规划和月度操作计划。
2014	地方试点	《地方国库现金管理试点办法》（财库〔2014〕183 号）	以商业银行定期存款为唯一形式。定期存款期限在 1 年期以内。北京、黑龙江、上海、湖北、广东、深圳为 2014 年试点地区。
2015	地方政府债券质押	《关于中央和地方国库现金管理商业银行定期存款质押品管理有关事宜的通知》（财库〔2015〕129 号）	在国债基础上，增加地方政府债券作为国库现金管理商业银行定期存款质押品。国债、地方政府债券分别按存款金额的 105%、115% 质押。
2016	地方推广	《关于确定 2016 年地方国库现金管理试点地区的通知》（财库〔2016〕62 号）	增加天津、河北、吉林、江苏、浙江、安徽、福建、厦门、江西、海南、四川、陕西、甘肃、青海、新疆 15 个省（区、市）为 2016 年地方国库现金管理试点地区。
2017	全面开展	《关于全面开展省级地方国库现金管理的通知》（财库〔2017〕8 号）	决定在全国全面开展省级地方国库现金管理。

资料来源：作者根据公开资料整理。

　　商业银行定期存款是国库现金管理最主要的操作方式，财政部门将暂时闲置的国库现金按一定期限（1 年期以内）存放在商业银行作为商业银行定期存款，商业银行以一定数量的国债或地方政府债券为质押获得存款并向财政部门支付利息。定期存款利率由商业银行在中国人民银行规定的金融机构存款利率浮动区间内根据商业原则自主确定。在此过程中，涉及两个客体：国库存款和政府债券。一方面，财政部门将财政资金从国库放入商业银行中作为定期存款，资金从非流通资金转变为流通资金。该定期存款作为商业银行的一般性存款，不仅自身纳入货币统计口径，增加了市场中的货币流通量，在商业银行按照规定比例缴纳存款准备金后，剩余的可贷资金还会被投入信贷派生过程，通过货币乘数作用实现数倍信贷扩张，增强国民经济活力。另一方面，商业银行定期存款需要提供足够的可流通国债或地方政府债券作为质押。商业银行是政府债券的最大购买者，通常持有至到期。商业银行通过已有的政府债券换取国库存款，增加了商业银行的流动性，避免了对商业银行自身资金的占用，满足了商业银行资产优化配置的需要。但当商业银行质押债券储备不足时，商业银行会运用流通货币换取缺少的政府债券，此时商业银行定期存款带来的货币增量会因为流通货币的提前较少而降低。可见，对于商业银行来说，国库现金管理操作将政府债券交换为国库存款，增加了商业银行的流动性，提升了其信贷扩张能力。对于财政部门来说，国库现金管理操作将闲置的国库资金变为能够获得利息收益的定期存款，降低了闲置资金成本，实现了国库库款的充分利用。商业银行定期存款到期后，商业银行不仅将足额的存款本金转回国库，还需将定期存款的利息也划转国库。资金划入国库后，财政部门解除对国债或地方政府债券的质押。定期存款到期形成的资金流通与定期存款转出国库时正好相反，财政存款从流通货币转变为非流通货币，从货币统计口径中剔除，降低了市场中的货币流通量。整体来看，国库存款转入和转出的过程导致等额的资金在市场中流通与隔离，当商业银行定期存款操作完成后，市场中的流通货币量和国库中财政存款量并未发生改变。与此同时，商业银行运用国库定期存款进行信贷扩张带来的收益，通过定期存款利息与财政部门共享，增加了商业银行和财政部门国库的收益。

政府债务依据预算安排支出，导致部分债务资金闲置在国库中。债务资金付息和国库存款无收益的对比，使得加强债务资金流通管理成为政府债务管理的重要一环。国库现金管理依托对未来国库现金收支流量的预测，在保证库款及时支出的同时，减少了资金闲置量，提高了国库资金的使用效率，也降低了对政府债务的需求。其中，商业银行定期存款操作通过国库存款进入或退出货币流通市场，带来了流通货币量和政府债务资金的增减以及商业银行贷款规模的波动。在降低政府债务发行成本，增加闲置资金投资收益的同时，政府债务资金与商业银行贷款的联系加强了财政政策与货币政策的协调配合。

三　政府债务使用环节的调控力

发行政府债务的目的是提供满足社会共同需要所短缺的建设投资资金。通过发行国债募集的资金，由国务院统一安排使用，用于弥补季节性财政收支短缺和年度财政赤字。通过发行地方政府债券募集的资金，由地方政府统一安排，用于公益性资本支出。政府债务资金使用在保证"债务资金跟着项目走"的原则基础上，服从政府预算支出管理和国库集中支付制度管理。

不同于政府债务收入有明确的债务收入科目进行核算，政府债务支出按照实际使用方向在支出合计线上反映，与普通财政收入共同管理。这体现在两个方面。一是政府债务资金进入国库后，债务资金与普通财政收入一起纳入财政资金池，资金"债务"属性相对减弱，模糊了债务资金和普通资金间的界限。特殊情况下，债务资金和普通财政收入资金能够相互周转使用。《关于做好2018年地方政府债券发行工作的意见》（财库〔2018〕61号）规定，可对已安排预算但债券资金尚未到位的债券资金项目，通过调度库款周转，待债券发行后及时回补库款。债务资金被纳入国库库款中，遵从国库的统一调动，以支持债务资金的合理使用和债务项目的有序发展。二是政府债务资金支出无法与普通财政支出隔离。政府债务支出按照债券发行时规划的项目拨付，抓紧安排已发行未使用的新增债券资金投入使用。但同时要防止债券资金滞留国库，避免资金拨付后沉淀在项目单位，保证债券资金的使用效益，尽快形成对经济的有效拉动。当债券资金从项目支付给具体的服务和原材料提供商时，资金支出由项目对应的分类科目核算，如城乡社区支出、农林水支出、卫生健康支出、住房保障支出等。从财政部门公布的预决算收支表中无法识别出哪些支出是运用普通财政资金，哪些支出是运用政府债务资金，政府债务资金在支出核算上与普通财政资金相同，债务支出构成财政部门在事实上的购买力，从而影响市场中的商品量和资金流。

政府债务支出比照普通财政支出，遵循国库集中支付制度管理，形成债务资金从国库到货币流通市场的两步动态路径："商业银行—项目承接单位""国库—商业银行"。第一步，资金从商业银行流入项目承接单位账户。由于商业银行代理国库集中支付业务，当根据项目预算进度需要支付资金时，由预算单位提出、财政部门实际发出支付指令要求商业银行将资金支付给项目承接单位，此时资金从商业银行流入企业在商业银行开设的存款账户中，资金在货币流通市场内部运转，并未增加市场中的流通货币量。第二步，商业银行完成支付操作后，与开设在中国人民银行的国库单一账户进行清算，资金从国库单一账户支付给商业银行，资金从隔离的国库中进入货币流通市场，增加了市场中的流通量。总的来看，商业银行作为代理银行仅是资金的流通渠道，先支后收的制度安排并未改变商业银行本身的货币量，真正改变的是国库中的资金量和项目承接单位的资金量，即国库中债务资金减少，项目承接单位账户中的资金增加。即使项目承接单位将部分资金用于购买项目建设需要的原材料或支付工人工资，资金也仅是在货币流通市场内的不同主体账户间流转，并不改变整个货币流通市场中的货币量。值得注意的是，在剔除支付给项目承接单位或者工人的工资后，其他资金会存入项目单位在商业银行开设的账户中成为一般性存款，这便增加了商业银行可贷资金数量，在货币乘数的作用下会对市场形成更大的影响力。

政府债务支出对货币流通市场的影响力与政府债务收入相反。

政府债务收入通过国库集中收入制度将资金从流通状态转变为非流通状态，国库中资金量增加，货币流通市场中货币等量减少。政府债务收入在减少流通货币量的同时，降低了贷款扩张的能力。政府债务支出通过国库集中支付制度将资金从非流通状态转变为流通状态，国库中资金量减少，货币流通市场中货币等量增加，如果将这部分资金投入信贷派生过程，可带来数倍的贷款增长。政府债务收入和政府债务支出导致的货币流动过程和信贷派生过程相反，在一定时期内，政府债务一收一支的过程仅导致了流通货币和商业银行贷款的波动，而不涉及货币供应总量的增加（刘贵生，2014）。

政府债务支出作为财政支出的一部分，服从预算管理和国库集中支付制度管理。政府债务支出导致的资金流动和政府债务收入过程相反。政府债务支出通过商业银行完成资金从国库账户支付给商业银行存款账户的过程，资金从隔离的国库中转入货币流通市场中，增加了市场中的货币量，在信贷派生过程下产生数倍的贷款增量。

四　政府债务偿还环节的调控力

政府债务偿还对货币流通的调控力可分为债务本金偿还和债务利息偿还两部分，其在资金来源上存在差异。国债方面，国债本金和利息可通过经常性预算收入、财政结余、偿债准备金等偿还，国债本金还可通过"借新还旧"等方式偿还（肖鹏和李新华，2012）。地方政府债券方面，地方政府债券偿债要求编制三年滚动预算并分年度纳入预算安排。《地方政府一般债务预算管理办法》（财预〔2016〕154 号）和《地方政府专项债务预算管理办法》（财预〔2016〕155 号）规定，政府债务的本金和利息可以通过预算收入的方式偿还，债务本金还可通过"借新还旧"的方式偿还。债务偿还资金来源的不同，会导致政府债务利息和本金对流通货币的影响路径不同。

政府债务利息偿债的资金来源主要为预算收入。作为财政预算支出的用途之一，政府债务利息支出在支出合计线上反映，由独立的预算科目进行核算。支付政府债务利息，会增加当期财政支出，其对货币流通市场的影响路径和财政支出、债务支出类似。不同的是，利息支出的对象明确，是政府债务的持有人；利息支付的频率包括半年付息、一年付息、到期还本付息、贴现等。在政府债务付息日，资金从国库单一账户转入债务人商业银行账户中，增加了商业银行的存款规模，提高了商业银行信贷扩张的能力。值得注意的是，与财政收支、政府债务收支存在的抵消作用相同，政府债务利息支出带来的流通货币和商业银行贷款的增加，抵消了政府债务偿债资金缴入国库时带来的流通货币和商业银行贷款的减少。

政府债务本金偿债的资金来源包括预算收入和发行新债。债务本金由预算收入偿还模式下，其对货币流通市场的影响与政府债务利息偿还类似。债务本金通过发行新债偿还模式还可细分为债券置换和借新还旧两种。就债券置换来看，2014 年《国务院关于加强地方政府性债务管理的意见》（国发〔2014〕43 号）规定，对于甄别后纳入预算管理的地方政府存量债务，各地区可申请发行地方政府债券置换。置换债券可通过招标、公开承销和定向承销方式发行，以降低政府债务利息负担，优化债务期限结构。一般债务主要以一般公共预算收入偿还，也可采取"借新还旧"偿还。专项债务通过对应的政府性基金或专项收入偿还，当收入暂时难以实现时可先通过"借新还旧"周转。

发行新债偿还旧债使得债务资金不再经过债务流通和债务使用过程，债务发行环节和偿还环节直接衔接。财政部门根据将要到期的债务规模，提前确定政府债务的发行计划，用于偿还到期债务，保证债务资金及时完成债务偿还。例如，《关于做好 2017 年地方政府债券发行工作的通知》（财库〔2017〕59 号）规定，对于已入库的公开发行的置换债券资金，原则上要在 1 个月内完成置换。置换债券资金只能用于偿还政府债务本金，除此之外严禁将置换债券资金用于国库现金管理或任何其他支出用途。如果政府债务在债券资金到位前到期，在保证国库支付需要的前提下，也可通过国库库款垫付或者与债权人协商适当延期偿还。新发行的政府债务资金直接用于偿还到期债务，资金在"货币流通市场—国库—货币流通市场"间的流通很快完成，对货币流通市场的影响仅是短时期内的波动，并未改变长时期内市场中的货币量和贷款量。与预算收入偿还唯一的不同之处在于，新债偿还旧债会改变市场中的政府债务凭证结构，由于新发行的债务没有对应的政府资产形成，因此又需要依靠新一轮借新还旧来偿还，或者在资金充足的情况下通过预算收入偿还。

政府债务偿还包括对政府债务本金和政府债务利息的偿还。当政府债务本金和政府债务利息通过预算收入偿还时，降低了国库存款，增加了债务持有者账户中的资金，这些资金构成了商业银行存款，在货币乘数作用下增加了商业银行的信贷规模。当政府债务本金通过发行新债偿还，债券资金从货币流通市场进入到国库中，又转出到债权人商业银行账户，期限较短，流通货币量和商业银行贷款仅出现短期波动，不存在总量变化。唯一改变的是市场中政府债务结构，增加了政府债券的整体期限，降低了政府债券的整体利率水平。当新发债券到期后，如果仍然通过"借新还旧"偿还，将开启新一轮政府债务发行和偿还过程，循环往复，直至预算收入能够偿还政府债务。

五 国库集中收付制度下的政府债务调控力

在国库的"集中"和"隔离"功能下，国库集中收付制度使得政府债务拥有了对流通货币的调控力，政府债务发行、流通、使用和偿还会对货币流通市场和商业银行贷款产生影响。

政府债务发行会使资金从货币流通市场进入国库中，商业银行货币量的减少降低了贷款扩张的能力。政府债务流通主要表现为国库现金管理，商业银行定期存款操作使资金在货币流通市场和国库间流转，定期存款转入商业银行增加了商业银行存款进而增加了贷款规模，定期存款到期转回国库减少了商业银行存款规模进而减少了贷款规模。政府债务使用通过国库集中支付制度将资金支付给项目承接单位，项目承接单位将资金存入商业银行增加了存款规模，进而增加了贷款规模。政府债务偿还包括政府债务本金偿还和政府债务利息偿还。偿债资金来自预算收入情况下，效果与政府财政支出类似，资金从国库转入到债务持有人账户中，增加了商业银行存款规模和贷款规模。在偿债资金来自"借新还旧"情况下，市场中的资金量和贷款规模并未改变，仅是政府债务结构发生变化，用新发债务替代了到期债务，增加了政府债务期限，并降低了政府债务成本。

从上述分析中可以发现，政府债务不同环节和不同时间的配置能实现对货币流通市场和商业银行贷款的灵活性调控。政府债务的发行和支出、政府债务流通管理中商业银行定期存款的发起和到期、预算收入入库和用预算收入偿还债务、发行新债和用债务资金偿还债务等，都对货币流通市场起到了相反的调控效果。从整个债务过程来说，政府债务在发行、流通、使用和偿还过程中对货币流通市场的影响更多体现在结构上和时间上，资金量上的改变较小。值得注意的是，当政府债务通过发行新债偿还旧债时，上一轮的政府债务与下一轮相衔接，下一轮政府债务的偿还又依赖于下下一轮政府债务的发行，如此循环往复，政府债务一直存在，且随着新增政府债务的增加，规模会日趋庞大。

第五章 政府债务影响商业银行贷款的现实基础

第一节 政府债务与银行贷款关系的历史回顾

政府债务与银行贷款的关系，随着政府赤字弥补方式的不同和银行贷款业务承担主体的改变，呈现不同的特征。财政赤字弥补方式从对外借款、发行国债、向银行透支等方式，转变为以发行政府债券为主要形式。银行贷款业务从由中国人民银行负责，转变为由商业银行承担。政府债务与银行贷款的关系也呈现"资金相互补充—分类与合并管理交替—管理制度变革—财政货币协调"的转变过程。

一 财政资金和信贷资金相互补充阶段 (1949~1957年)

新中国成立初期，我国财政赤字可以运用多种方式进行弥补，财政部门和中国人民银行虽然组织结构独立但实质关联。1949年，政务院设财政经济委员会，统一领导财政部和中国人民银行。从组织结构来看，财政部和中国人民银行属同级机构，二者在财政经济委员会的领导下，支持经济的集中统一。由于新中国成立初期，货币尚未统一，历史遗留的通货膨胀问题严重，由财政赤字导致的货币超发推动了物价上涨。在这一时期，财政上实行"高度集中、统收统支"的策略，政府通过发行国债、向苏联贷款、向银行透支等方式弥补财政赤字，以解决通货膨胀问题。中国人民银行统一全国货币、整顿金融机构，形成了以中国人民银行为核心的金融体系。同时，中国人民银行成为国库的代理机构，管理各级地方政府代理中央所组织的收入，并在财政部支付指令要求下安排财政支出。这一时期，财政赤字通过多种方式弥补，使得政府债务涵盖了贷款、债券、银行透支等形式。其中，银行透支形式影响了中国人民银行的资金，增加了货币的发行量。

"一五计划"时期，财政平衡和信贷平衡使得财政资金和信贷资金相互补充。在学习苏联经验的基础上，优先发展重工业成为这一时期的主要基调。财政管理实行在中央统一领导和计划下的分级管理，在集中了尽可能多的财力用于经济建设的过程中，实现了国家财政和国营企业财政的融合、宏观财政政策和微观财政政策的一体化（杨志勇，2019）。中国人民银行对全国信贷资金实行"统存统贷"管理，运用行政机制统一制定利率。此时，经济工作的重点是实现财政平衡、信贷平衡和物资平衡，财政预算的规划要结合国家信贷计划和财政收支季度差异，这就要求财政资金和信贷资金统一管理，综合平衡。当出现财政赤字时，财政赤字的弥补仍然以向银行透支、向苏联贷款为主，辅之以发行国家经济建设公债筹集资金；当出现财政结余时，财政结余的资金不被视为国家预算的实际收入，结余资金作为存款存入到中国人民银行后，充当信贷资金陆续投入到信贷流通过程，以支持工业、农业、商业、粮食等部门对流动资金的需求。这一时期，财政预算和银行信贷工作互相结合、互相支持，财政资金作为中国人民银行存款的一部分，财政赤字由中国人民银行增发货币弥补，财政结余则补充给中国人民银行作为信贷资金。

二 财政资金和信贷资金分类与合并管理交替阶段（1958~1977 年）

"大跃进"时期，财政和信贷失衡，财政资金管理混乱，银行贷款被用作财政性支出。1958 年国务院发布《关于进一步改进财政管理体制和改进银行信贷管理体制的规定》，财政上强调扩大地方的管理权限，在确定收入项目和分成比例后，本地区超收分成和支出结余的资金可自行支配。银行信贷上实行"存贷下放、计划包干、差额管理、统一调度"。贷款和存款的差额一年平衡一次，存款增加了可用于贷款的资金，贷款收回了可继续放贷。随后，由于"大跃进"和三年自然灾害对国民经济的冲击，出现了连续三年的财政赤字。1959 年起国家停止发行全国性经济建设公债，使得政府无法通过发行公债弥补财政赤字，向苏联贷款的方式也因我国与苏联关系的恶化而终止，财政赤字只能靠向银行透支弥补，这使得财政分权尝试难以为继，中央重新实行集中统一的管理体制。银行信贷分权则加强了对存款的吸收力度，加剧了银行信贷的膨胀。此时，国营企业需要的定额流动资金虽然仍来源于财政预算，但这部分资金被作为增拨银行信贷资金，由银行统一贷款给国营企业，实行"全额信贷"（王国刚，2019）。国营企业已有的财政资金，也全部划归银行进行统一管理。不仅如此，国营企业还利用信贷膨胀的机会随意增加银行贷款，满足财政性开支，这进一步迫使中国人民银行增加货币发行。外部冲击和内部变革下财政平衡和信贷平衡无法保证，财政资金和信贷资金界限不明，财政上的不平衡导致了信贷上的货币超发。

国民经济调整时期，财政资金和信贷资金间的界限明晰。1961 年，中共八届九中全会正式通过"调整、巩固、充实、提高"的八字方针，收回不恰当下放的权利，强调"全国一盘棋"、"上下一本账"。财政方面，坚决维护财政收入，严控财政支出；银行方面，严格信贷管理，划清银行信贷资金和财政资金的界限，不得挪用或挤占银行贷款；国营企业方面，流动资金供应机制变为由主管部门下拨大部分流动资金至所属国营企业，其余由财政部门拨款给银行后再贷款给企业。这一时期，国家注重划分财政资金和信贷资金间的界限，二者在是否偿还上存在差异，这便要求明确各自的适用范围，避免银行信贷资金对财政资金的补偿。

"文化大革命"时期，财政和银行合署办公，财政资金和信贷资金共同管理。"文化大革命"严重破坏了国家的经济活动，否定了银行工作的基本制度，取消了银行管理措施。1969年，中国人民银行总行被并入财政部，与财政部合署办公，成为财政部的"总会计、总出纳"，银行管理基本处于瘫痪状态。中国人民银行的信贷管理职能与财政部门的预算管理职能相混淆，严重影响了中国人民银行对信贷和货币的调控力。这一时期银行制度的损害，使得信贷资金在某种程度上被财政部门控制，成为财政资金的附属。

三　财政资金和信贷资金管理制度变革阶段（1978~1991年）

"改革开放"初期，财政资金和银行信贷管理处于过渡阶段，财政赤字以发行国债和向银行透支弥补为主，银行贷款从由中国人民银行负责向由商业银行实施转变。1978年2月，为了纠正财政与银行关系，中国人民银行总行与财政部分设。财政资金和信贷资金分口管理，一切应由财政开支的钱都不得占用银行贷款，不得挤占或者挪用企业流动资金。财政方面，我国政府间财政实行"分灶吃饭"的管理体制，从"划分收支、分级包干"开始探索，经历了分类复杂的财政包干体制（如"划分税种、核定收支、分级包干"）。银行方面，1983年国务院出台了《关于中国人民银行专门行使中央银行职能的决定》，中国人民银行专门行使中央银行职能，集中统一发行货币，贯彻执行信贷管理、现金管理等一整套基本制度。银行贷款职能由专业银行承担，财政性存款划为中国人民银行的信贷资金；专业银行一般存款属于专业银行的信贷资金，按照规定比例缴存中国人民银行。1985年"拨改贷"在全国范围内的推广，用银行贷款方式代替财政直接无偿拨款方式，以提高基本建设项目资金的效率，缓解经济建设过程中资金紧缺困难的局面。财政和银行体制不断改革，使得财政赤字弥补方式也经历了反复调整：1979 年和 1980 年财政赤字依赖向银行透支和动用结余的方式来弥补，地方政府结余也被用于弥补中央赤字；1981 年国家恢复发行国库券 48.7 亿元，政府债券又一次开始发挥其弥补财政赤字的作用；1986 年起国家要求财政部门不得向中国人民银行透支，中国人民银行不得直接购买政府债券；1987 年后中央财政赤字主要靠发行国债解决，地方财政自给自足，结余留地方支配；1991 年后中央财政赤字又恢复向中国人民银行透支解决，地方政府自行解决的制度（杨志勇，2018）。这一时期，财政赤字弥补方式以发行国债和向银行透支为主，并逐渐过渡至以发行国债为主，更好地保证了中国人民银行中央银行职责的实现。银行信贷资金在银行信用膨胀机制的作用下为经济建设提供了充足的资金。二者之间的关联，在财政性资金作为中国人民银行的信贷资金中得到了充分的体现，弥补财政赤字获得的债务资金增加了中国人民银行账户中的财政性资金，进而对银行的信贷能力产生影响。

四　财政政策与货币政策相互协调阶段（1992 年至今）

在建设中国特色社会主义背景下，我国财政体制和银行体制实现了突破性变革。国债发行成为财政赤字的唯一弥补方式，国库集中收付制度改革使财政部门与商业银行的联系越来越密切。财政方面，国家开始实行"分税制"改革，在合理划分中央和地方事权范围的基础上，按税收划分各级政府的预算收入，并对赤字口径进行了调整。1994 年前，政府债务收入以及对应的支出分别纳入财政总收入和总支出范围内，财政赤字以总收入与总支出的差额表示，通过向中国人民银行借款的方式弥补；1994 年起，政府债务收入和还本付息支出不再纳入预算收入和支出的统计范围，预算收支相抵后的差额依赖债务弥补，到期国内外债务本息也通过债务弥补，以真实反映我国的实际债务情况；2000 年，政府债券的付息支出被调整为财政支出线上反映，作为政府运用债务形式使用资金的成本被纳入财政支出的统计范围，是政府支出的重要组成部分。赤字口径的调整，是对财政赤字作用和政府债券功能的重新认识，因此财政赤字的弥补方式也同样进行了修正。《国务院关于金融体制改革的决定》（国发〔1993〕91 号）、《中华人民共和国中国人民银行法》等政策相互补充，确定了"财政预算先支后收的头寸短缺……财政赤字通过发行国债弥补"、"中国人民银行不得对政府财政透支"。1994 年，《中华人民共和国预算法》规定中央预算不列赤字，建设投资资金通过举借国内外债务筹措。实际上中央预算中仍然列了赤字，并获得了全国人大的审批同意。地方预算按照量入为出、收支平衡的原则编制，不列赤字。但在亚洲金融危机的影响下，财政部通过增发国债并转贷给省级政府的方式来弥补地方建设项目资金的不足。2006 年，我国开始采取国债余额管理，通过控制国债余额而非国债发行的方式，更加灵活、科学地管理国债规模，有效防范财政风险。2009 年，为应对金融危机，财政部开始通过代理发行地方政府债券的方式为地方政府融资。银行体系也同样进行了变革。1993 年，中国人民银行开始独立执行货币政策，通过货币政策中介目标和操作目标的实现，最终实现保持货币稳定的目标。政策性银行成立，城市合作银行和农村合作银行稳步发展，专业银行按现代商业银行经营机制运行。1996 年利率市场化改革起步，率先放开银行间同业拆借利率。1998 年取消贷款规模管控。2004 年，国有商业银行逐渐完成了股份公司改制并先后上市。这一时期，中国人民银行货币政策独立性加强，商业银行作用越来越突出，与财政的关系越来越密切。1994 年《信贷资金管理暂行办法》（银发〔1994〕37 号）文件要求，中国人民银行要发展以国债、外汇为操作对象的公开市场业务。商业银行应持有一定数量的国债，通过国债的抵押和转让，保持资产的流动性。1997 年，财政部定向发行 2700 亿元的特别国债注资国有银行。2009 年，国家激励银行业金融机构加大对地方政府融资平台的信贷支持力度。《全国政府性债务审计结果》显示，截至 2013 年 6 月底，地方政府性债务中银行贷款金额为 55253 亿元，占比达到 50.76%。财政部门通过政府债券补充商业银行资本不足所体现的"金融风险财政化"，以及商业银行持有大量政府债务可能带来的"财政风险金融化"，是这一阶段政府债务和商业银行关系的主要特征。

　　加强国家治理体系和治理能力现代化建设对财政和银行关系提出了新的要求。这一阶段，地方政府自主举债使地方政府债券在政府债务中的地位越来越重要，对商业银行贷款的影响从直接占有变为间接争夺。新时期，政府债务对商业银行贷款规模的影响值得关注。2014 年，新《中华人民共和国预算法》赋予省级政府举债权，将地方政府债务纳入预算管理。2015 年起，地方政府债务余额实行限额管理，地方政府举债权限放开，通过"开前门，堵后门"的方式转变了地方政府举债方式，将地方政府债务纳入预算管理，以期解决地方政府性债务问题。银行业也进行了一系列改革。中国人民银行分别于 2013 年和 2014 年创设常备借贷便利（Standing Lending Facility，简称 SLF）和中期借贷便利（Medium-term Lending Facility，简称 MLF）作为提供短期流动性便利和中期基础货币的货币政策工具。利率市场化改革，在 2015 年实现了商业银行存款利率和贷款利率的全面放开，并于 2019 年形成了完善的贷款市场报价利率（Loan Prime Rate，简称 LPR），以充分反映信贷市场资金供求情况。2016 年，中国人民银行将差别准备金动态调整机制升级为宏观审慎评估体系（Macro Prudential Assessment，简称 MPA），抑制杠杆过度扩张和顺周期行为，保障金融稳定，形成了"货币政策+宏观审慎政策"双支柱的金融调控框架。这一时期，一方面政府加强债务管理，将以融资平台贷款和"城投债"为主要方式的地方政府性债务，转变为以地方政府债券为主要方式的政府债务，这使得政府性债务占用商业银行贷款资金从而直接影响商业银行贷款的模式，转变为政府性债务成为商业银行主要投资方向从而间接影响商业银行贷款的模式；另一方面，利率市场化和宏观审慎政策的不断完善对商业银行贷款行为提出了新的要求，使得政府债务与贷款规模间的关系出现新的变化。在防范化解重大风险、结构性减税和金融供给侧结构性改革的背景下，加强地方政府债务管理，明晰政府债务对商业银行贷款的影响，成为新时期我们需要关注的问题。

五　小结

整体上看，一方面，政府债券是弥补财政赤字的主要方式，也是政府债务的主要组成部分。建国初期为达到"财政平衡"的目标，政府致力于消灭赤字，"既无外债也无内债"被视为社会主义制度的优越性，对外贷款、发行国债、银行透支等方式共同成为弥补财政赤字的有效路径。但1978年后，财政赤字频繁出现，中央财政赤字通过向银行透支弥补，地方财政赤字自行解决。1994年，银行透支方式被禁止，国家确立了财政赤字通过发行政府债券方式弥补的制度。此时，地方政府不能出现财政赤字，但地方政府债务仍然存在。2009年起财政部代理发行地方政府债券，直到2015年省级地方政府获得自主发债权力。地方政府发债权力上升，地方政府债务管理也提上日程。

另一方面，贷款业务从中国人民银行转入商业银行，政府债务与商业银行的关系越来越密切。中国人民银行建立初期，虽然在形式上和财政部分立，同属财政经济委员会指导，但业务上仍然紧密关联。当出现财政赤字时，通常通过银行透支的方式解决；当出现财政结余时，财政部将结余资金拨给银行作为信贷资金，贷款给国有企业，支持工业体系建设。中国人民银行甚至在1969

年被并入财政部，造成财政资金和信贷资金混合管理的局面。1983 年，中国人民银行专门行使中央银行职能，工、农、中、建、交五大行作为专业银行承担相关业务。财政性存款被划入中国人民银行信贷资金，在事实上构建了财政性存款影响银行信贷的途径。中国人民银行货币政策独立性增强，取消了贷款规模控制，通过货币政策工具实现货币稳定的目标。商业银行和城市、农村商业银行的作用越来越突出，商业银行代理国库集中支付业务，加强了与政府存款（特别是政府债务资金）的联系。在加强财政政策、货币政策和宏观审慎政策协调的背景下，明确政府债务对商业银行贷款规模影响，是新时期背景下防范财政风险和系统性金融风险的重要落脚点。

第二节　商业银行持有政府债券的原因和现状

一　商业银行持有政府债券的原因

商业银行购买政府债券的决策，受到众多因素的影响。不论是政府债券独有特征带来的竞争优势，还是政府干预商业银行决策形成的政治压力，抑或是商业银行基于自身投融资策略做出的明智之选，皆成为影响并造成商业银行持有大量政府债券局面的因素。总体上看，可将影响因素总结为三大类：政府债券优势、商业银行策略和政府干预现实。

（一）政府债券优势

一是政府债券信用高。政府债券是以政府信用背书的一种特殊的财政收入形式。政府债券作为政府弥补财政赤字的主要手段，在调节财政收支不平衡、促进经济平稳发展上起到了重要的作用。相较于购买普通债券可能面临的无法偿付风险，政府债券以税收作为偿债来源，为按时足额偿还政府债券提供了有力的保障，信用风险远低于普通债券。在政府债券中，由于国债以国家信用为背书，地方政府债券以地方政府信用为背书，相比之下国债的信用程度要高于地方政府债券。

二是政府债券享受税收减免，是政府债券吸引投资者投资的独有优势。从现行规定来看，国债和地方政府债券的利息收入免征企业所得税、个人所得税和增值税。政府债券免税的优势，使得投资政府债券得到的实际收益高于同等票面利率的普通债券。

三是政府债券抵质押优势，体现在政府债券被纳入中国人民银行流动性管理和国库现金管理抵质押品范围。政府债券被纳入中国人民银行抵押品管理框架，进入中国人民银行常备借贷便利（SLF）、中期借贷便利（MLF）、抵押补充贷款（PSL）、商业银行质押贷款的抵（质）押品范围。这使得通过抵质押政府债券，商业银行能够从中国人民银行获得流动性，增加了商业银行的准备金规模，满足了商业银行的业务需要。同时，政府债券是国库现金管理的质押品，商业银行想要获得国库现金管理的国库存款，必须提供存款金额 105% 的国债或 115% 的地方政府债券作为抵押品。政府债券的抵质押优势，为商业银行从国库或者中国人民银行获得相对低成本的流动性提供了质押品保障，增加了优质流动性资产储备，提高了商业银行应急融资能力。

（二）商业银行策略

商业银行在存款和贷款业务之外，还有稳定的资金分布在债券上。政府债券高信用、税收减免和抵质押等方面的优势，满足了商业银行的资产管理需求。

一是资本充足率要求。资本充足率是减去对应资本扣减项后的总资本和风险加权资产之间的比率，2013 年起国家政策要求商业银行资本充足率不得低于 8%。风险加权资产规模越小，资本充足率越高；资产风险权重越低，风险加权资产规模越小。而国债的风险权重为 0%，地方政府债券为 20%，因此商业银行持有越多的国债和地方政府债券等低风险权重资产，其资本充足率就越高。商业银行出于安全性和盈利性的考量，需要其优化在政府债券和贷款间的资源配置，以满足资本充足率的要求。

二是流动性储备。政府债券通过流动性储备渠道为银行提供了良好的资金支持，避免了资金的浪费，进一步促进了信贷资源的优化配置（Dang and Huynh，2020）。当商业银行在获取存款和发放贷款、贷款收回和再投资等活动之间存在时间和期限错配的情况，或出现季节性资金需求、无法预料的贷款需求增长以及其他突发性需求时，作为风险低、期限短、可销性强、有一定收益的政府债券，能很好得满足商业银行对流动性的需求。从现金流管理的角度来看，银行运用短期闲置资金购买政府债券，并在有资金需求时及时提取出来，能够在保证银行流动性的同时，最大限度地提高现金流管理的效率。因此，银行倾向于保持一定数量的政府债券作为流动性储备，为未来投资提供必需的资金支持。

（三）政府干预现实

政府对商业银行持有政府债券的干预，具有浓厚的历史、政治和经济背景，政府和银行关系的特征决定了政府行为能在一定程度上影响商业银行的决策。由于政府和商业银行间的隐形契约关系，商业银行在一定程度上受到政府的干预，包括人事任免权、工商税务政策、财政存款等方面，商业银行存在向地方政府提供贷款的积极性和购买政府债券的积极性（伏润民等，2017；陈宝东和邓晓兰，2017；沈丽等，2019；巴曙松等，2019）。

一是挂钩机制的干预，将商业银行购买政府债券与其他财政类业务挂钩。政府以配套财政存款、国库现金管理定期存款招标等手段激励商业银行自愿参与置换工作，同时，政府也通过金融机构排名、财政资金存放等方式干预地方政府债券定价。在存款增长乏力或主动负债能力较弱时，商业银行愿意放弃一部分利差来获得存款规模的增长，获得与政府在其他领域的合作机会，以综合收益的增加弥补债券收益的不足。

二是股权持有的干预。国有银行虽然进行了股份制改革并陆续上市，但五大行的国有性质决定了其仍然承担着一定的政治任务，这些银行恰恰也是政府债券的最大持有机构。在地方上，五大行的分支机构相比总行拥有更高的决策权力，但这种决策权受到地方政府的影响，在资金投放、项目决策上保有极高的话语权。同时，大量城市商业银行的部分股份被地方政府持有，比例接近30%（蒋世站，2018），加之地方国有企业对城市商业银行的投资入股，地方政府在事实上掌握了对城市商业银行的控制权。因而，在地方政府发行地方政府债券的融资过程中，城市商业银行也做出了较大的贡献。

二　商业银行持有政府债券的现状

商业银行持有大量政府债券。中国债券信息网数据显示[①]，截至2019年底，在政府债券持有者中，银行间债券市场份额远超柜台市场、交易所市场和自贸区市场。在银行间债券市场中，商业银行持有的政府债券份额最高，其持有国债占银行间债券市场的比例达67%，持有地方政府债券占比达88%。全国性商业银行及其分支行的持有份额构成了商业银行持有份额的绝大部分。

总体来看，政府债券规模大，银行间债券市场持有份额最高。截至2019年底，各市场主体国债持有量为153061亿元，较2018年底增长16661亿元，增长幅度为12.21%。其中，银行间债券市场持有量为146984亿元，较2018年底增长16295亿元，增长幅

---

① https://www.chinabond.com.cn/cb/cn/yjfx/zzfx/yb/20200103/153505771.shtml.

度为 12.47%，银行间债券市场国债持有量远高于柜台市场和交易所市场，占比高达 96.03%。截至 2019 年底，各市场主体地方政府债持有量为 211183 亿元，较 2018 年底增长 30483 亿元，增长幅度为 16.87%。其中，银行间债券市场持有量为 206550 亿元，较 2018 年底增长 29634 亿元，增长幅度为 16.75%，银行间债券市场地方政府债券持有量远高于其他市场份额，占比达 97.81%。自地方政府债券开放柜台市场后，柜台市场持有量从 2018 年的 0元增长至 2019 年的 29 亿元，自贸区市场地方政府债券持有量则从 30 亿元降低至 0 元。可以看出，国债和地方政府债持有量的增加主要体现为银行间债券市场持有量的增加，银行间债券市场政府债券持有情况在很大程度上代表了整个市场中政府债券持有情况。

在银行间债券市场中，商业银行是最大的债券持有者。银行间债券市场中包括商业银行、政策性银行、信用社等 11 类债券持有者。表 5-1 展示了银行间债券市场中各主体的国债和地方政府债持有量和占比。就银行间债券市场国债持有量来看，商业银行持有量为 99469 亿元，远高于其他持有者，在银行间债券市场中占比达 67.67%。其他排名前五的债券持有者分别是其他、境外机构、非法人产品（包括商业银行理财产品）和保险机构，这些机构的国债持有量分别为 15611 亿元、13067 亿元、10958 亿元和 3621 亿元，占银行间债券市场债券持有量的 10.62%、8.89%、7.46% 和 2.46%。就银行间债券市场地方政府债持有量来看，商业银行持有量为 181996亿元，持有了银行间债券市场超过 88% 的地方政府债，其他持有者的持有量加总不到 12%。政策性银行、非法人产品（包括商业银行理财产品）、保险机构和信用社是其他四大地方政府债券持有者，分别持有地方政府债券 16765 亿元、4131 亿元、1354 亿元和 1241 亿元，在银行间债券市场中的占比分别为 8.12%、2.00%、0.66% 和 0.60%。

表 5-1　2019 年银行间市场国债和地方政府债
持有者结构

债券持有者	国债		地方政府债	
	金额（亿元）	占比（%）	金额（亿元）	占比（%）
商业银行	99469	67.67%	181996	88.11%
政策性银行	1057	0.72%	16765	8.12%
信用社	944	0.64%	1241	0.60%
保险机构	3621	2.46%	1354	0.66%
证券公司	1682	1.14%	846	0.41%
基金公司 及基金会	64	0.04%	0	0
其他金融机构	505	0.34%	189	0.09%
非金融机构	7	0	0	0
非法人产品 （包括商业银行理财产品）	10958	7.46%	4131	2.00%
境外机构	13067	8.89%	25	0.01%
其他	15611	10.62%	2	0

资料来源：中国债券信息网。

可以看出，商业银行是银行间债券市场中政府债券的最大持有者，同时银行间债券市场也是政府债券的主要持有者，因此商业银行成为了政府债券的最大持有者，其国债持有量占整个债券市场的64.99%，其地方政府债券持有量占整个债券市场的86.18%。对商业银行持有大量政府债券的分析，是分析政府债券影响不可或缺的部分。

在商业银行中，全国性商业银行及其分支行持有的政府债券量最大。商业银行可分为全国性商业银行及其分支行、城市商业银行、农村商业银行等 7 个类型。表 5-2 展示了 2019 年各类商业银行持有政府债券的金额和同比增长情况。

表 5-2　2019 年商业银行中国债和地方政府债持有结构
及同比增长率

	国债		地方政府债	
	金额（亿元）	同比增长（%）	金额（亿元）	同比增长（%）
全国性商业银行及其分支行	71495	9.22%	155161	17.21%
城市商业银行	16110	19.37%	18386	15.52%
农村商业银行	8074	24.79%	8151	67.70%
外资银行	3170	19.83%	256	209.30%
其他银行	558	9.24%	25	28.18%
村镇银行	55	91.00%	7	4.69%
农村合作银行	7	−11.39%	11	16.82%

资料来源：中国债券信息网。

就国债持有量来看，全国性商业银行及其分支行、城市商业银行和农村商业银行排名前三，分别持有 71495 亿元、16110 亿元和 8074 亿元国债，占比分别为 71.88%、16.20% 和 8.12%（如图 5-1 所示）。从增长趋势看，村镇银行同比增长率最高为 91%，增长速度较快，但基数小，从 2018 年的 28.9 亿元增长至 2019 年的 55 亿元。农村合作银行增长率最低为 −11.39%，从 2018 年的 7.9 亿元下降至 7 亿元，绝对值降低不明显。从增长量看，全国性商业银行及其分支行国债持有量同比增长 9.22%，相较于大部分银行增长率不高，但由于基数大，增长量达到最高，为 6037 亿元。城市商业银行同比增长 19.37%，增长量排在第二，为 2614 亿元。农村商业银行同比增长 24.79%，增长量排在第三，为 1604 亿元。

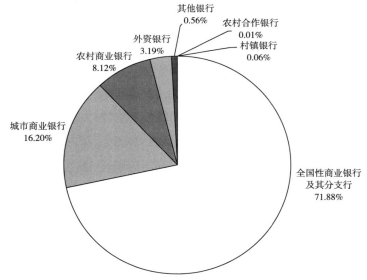

图 5-1　2019 年各类商业银行持有国债的比例

资料来源：中国债券信息网。

　　就地方政府债持有量来看，全国性商业银行及其分支行、城市商业银行和农村商业银行排名前三，分别持有 155161 亿元、18386亿元和 8151 亿元地方政府债，占比分别为 85.26%、10.10% 和4.48%（如图 5-2 所示）。从增长趋势看，外资银行同比增长率最高为 209.30%，从 2018 年的 82 亿元增长至 2019 年的 556 亿元，绝对增长量不高。村镇银行同比增长最低为 4.69%，从 6.4 亿元增长至6.7 亿元，增长量小。从增长量看，全国性商业银行及其分支行地方政府债持有量同比增长率为 17.21%，但由于其持有量大，占比高，增长金额最高，为 22782 亿元。城市商业银行的持有量占比第二，但同比增长率和同比增长量均低于农村商业银行。农村商业银行同比增长 3290 亿元，增长率达 67.70%，城市商业银行同比增长2470 亿元，增长率为 15.52%。可以看出，全国性商业银行及其分支行、城市商业银行和农村商业银行持有的政府债券规模大、增量高、增速快，是政府债券的主要持有者。

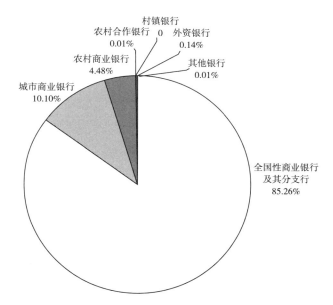

图 5-2　2019 年各类商业银行持有地方政府债的比例

资料来源：中国债券信息网。

整体上看，政府债券的持有情况，表现出银行间债券市场持有量高、商业银行持有量高，以及全国性商业银行及其分支行持有量高的特征。商业银行是政府债券的主要持有者，购买了大量政府债券，改变了商业银行的资产负债表结构，对包括商业银行贷款等科目产生了影响。

第三节　政府债券影响商业银行贷款规模的现实机制——信用创造

商业银行通过贷款和证券投资创造存款货币，并通过货币形式变化、货币的转移和货币的消失为经济活动提供支撑。"在现代信用货币制度下，货币创造的本质是银行与客户之间的债务交换"（孙国峰，2019）。由于银行客户存在主动支出的需要，且客户个人信用不被社会接受，这就形成了对银行贷款的需求。商业银行与借款客户通过贷款合同形成了债权债务关系，借款客户签署了贷款合同增加了商业银行贷款，商业银行则在借款客户账户中增加了等额的存款货币。对商业银行来说，在资产负债表中体现为对客户贷款债权和对客户存款债务的增加。对银行客户来说，其用主动形成的信用低、流动性差的贷款债务，交换了信用高、流动性高的存款债权，并支付一定的利息作为使用成本。这个过程通过资产扩张的方式同时增加了商业银行资产规模和负债规模，贷款债权的增加创造出等量的存款货币增量。商业银行证券投资的存款货币创造过程与商业银行贷款相似（王兆东等，2020）。商业银行投资证券同样是银行与拥有资产客户的债权-债务交换，客户让渡资产获得可流通、信用高的存款货币，商业银行获得资产并在客户的存款账户上增加等量的存款货币，表现为商业银行资产负债表中证券投资和客户存款规模同时增长。可见，商业银行通过贷款和证券投资创造存款货币，其创造存款货币的能力受到多项因素的制约，包括贷款需求、货币政策、基础货币等因素。

商业银行持有基础货币的多少，决定了商业银行信用创造的能力大小。基础货币是指商业银行存入其在央行账户中的资金，该部分资金需要满足现金制约、清算制约和存款准备金制约。举例来说，银行客户对存款货币拥有支配权，在获得存款货币后存在提取现金的需求和将存款转移到另一银行的需求。客户从账户中提取的现金是由中央银行发行的基础货币，商业银行支付现金必须保证其在中央银行开设的账户中拥有足够的基础货币。客户将账户中的存款转移到另一银行，需要各家银行共同接受的基础货币作为清算依据，并通过各银行在中央银行的存款准备金进行资金的转移。因此，为了加强中央银行对商业银行的控制，应付资金清算和取现的不确定性，商业银行必须在其中央银行开设的账户中保持一定比例的准备金，也就是法定存款准备金，作为商业银行日常运行和风险防控的手段。这部分资金不能用于贷款或者证券投资，但是商业银行账户中剩余基础货币，即超额存款准备金则是商业银行信用创造的基础。商业银行获得基础货币的途径包括向中央银行借款或者卖出资产、用存款形式吸收客户以前提取的现金。商业银行超额存款准备金越多，则商业银行可以通过贷款创造的存款就越多，反之亦然。

在货币乘数的作用下，商业银行通过贷款或者证券投资能创造出数倍的存款货币。假设商业银行甲从中央银行获得规模为 B 的基础货币，在银行不持有超额存款准备金，仅保持需要的存款准备金的情况下，商业银行将全部基础货币 B 用于信用创造。商业银行对客户贷款增加 B，客户存款增加 B。客户将存款货币取出，保留一定比例现金，该比例 c 为现金漏损率，然后将剩余 $(1-c)B$ 资金存入商业银行乙。按照存款准备金率 r 缴纳法定存款准备金，使得银行乙的法定存款准备金增加 $r(1-c)B$，超额存款准备金增加 $(1-r)(1-c)B$。超额存款准备金是商业银行信用创造的基础，银行乙将超额准备金全部投入信用创造过程，创造出了 $(1-r)(1-c)B$ 规模的贷款和存款货币。接下来，客户将存款货币取出，保留一定比例现金后存入银行丙，银行丙客户存款增加 $(1-r)(1-c)^2B$，法定存款准备金增加 $r(1-r)(1-c)^2B$，超额存款准备金增加 $(1-r)^2(1-c)^2B$。商业银行丙又将超额存款准备金投入到信贷创造过程，以此类推……如表5-3所示。基础货币 B 创造出的存款规模总量为：

$$M = B + (1-r)(1-c)B + (1-r)^2(1-c)^2B + \cdots = \frac{B}{(r+c-rc)}$$

表5-3　商业银行的信用创造过程

商业银行	资产	负债
银行甲	准备金 B	中央银行贷款 B
银行甲	对客户贷款 B	客户存款 B

商业银行	资产	负债
银行乙	法定存款准备金 $r(1-c)B$	客户存款 $(1-c)B$
	超额存款准备金 $(1-r)(1-c)B$	
银行乙	对客户贷款 $(1-r)(1-c)B$	客户存款 $(1-r)(1-c)B$
银行丙	法定存款准备金 $r(1-r)(1-c)^2B$	客户存款 $(1-r)(1-c)^2B$
	超额存款准备金 $(1-r)^2(1-c)^2B$	
银行丙	对客户贷款 $(1-r)^2(1-c)^2B$	客户存款 $(1-r)^2(1-c)^2B$
⋮	⋮	⋮

因此，商业银行信用创造过程中的货币乘数为 $m=1/(r+c-rc)$。1 单位基础货币将创造出 $1/(r+c-rc)$ 单位的存款货币和贷款。当商业银行甲将 B 规模的基础货币全部用于购买证券，也会带来同样规模的贷款扩张。证券客户将获得的 B 规模的证券资金取出后，将 $(1-c)B$ 存入到商业银行乙，商业银行乙将继续进行信用创造，后续过程与贷款信用创造过程一致。

商业银行购买证券与贷款的信用创造过程一致，但在购买政府债券时，商业银行的信用创造能力受到制约。商业银行甲将全部 B 规模的基础货币用于购买政府债券，这使得商业银行甲的资产端政府债券增加，并同时创造出等量的存款货币存入政府部门在商业银行开设的账户中（为分析方便假设存在这样的账户）。不同于普通银行客户将资金取出后存入到银行乙，政府部门将资金取出后，按照国库集中收付制度的要求，将资金直接存入到其在中央银行开设的国库单一账户中，商业银行购买证券资产的信用创造过程被中断，商业银行贷款规模和存款货币创造降低。这部分资金从流通领域中退出，利用中央银行清算系统，从商业银行账户中转入到国库账户中，商业银行准备金规模减少了 B，国库存款规模增加了 B。本应用于贷款的资金无法进行信用创造，导致贷款规模降低了 $B/(r+c-rc)$。

从上述分析中可以发现，商业银行通过贷款和购买证券的方式均能创造存款货币，这种信用创造能力受到商业银行持有的超额存款准备金总量的影响，超额存款准备金越多，商业银行通过贷款和证券投资创造的存款货币越多；超额存款准备金越少，贷款规模和存款货币规模就越少。存款准备金约束、银行转账和现金提取均会导致商业银行在中央银行的存款规模降低。超额存款准备金可通过向中央银行贷款、出售资产和吸收存款等方式获得。商业银行在超额存款准备金和货币乘数的作用下，能创造出数倍的贷款规模和存款规模。然而，当商业银行购买的是政府债券时，政府债券资金全部缴入政府部门在中央银行的国库账户中。商业银行的准备金等额减少，资金从流通领域中退出，降低了商业银行信用创造的能力，也就降低了商业银行贷款规模和存款货币规模。

第四节　政府债券利率影响商业银行贷款规模的现实机制——利率市场化

随着利率市场化改革的推进，数量型政策工具和价格型政策工具均能在一定程度上实现货币政策调控目标，两个政策的协调配合能更好地增强货币政策传导效率。自 1998 年我国放弃信贷配给后，货币政策调控变为综合使用价格型和数量型工具。在以 M2 为货币政策中介目标的基础上，数量型货币政策发挥了更重要的作用（徐明东和陈学彬，2011）。随着利率市场化改革的推进，存贷款利率管制逐步取消。中央银行加强构建市场化政策利率，商业银行存贷款自主权也不断扩大，货币政策工具由数量型向价格型转变（刘红忠等，2019）。然而，在转型时期的中国，单一政策工具并不能有效引导银行贷款和实际经济改变，货币政策的传导效率较低。伍戈和连飞（2016）以及王曦等（2017）通过对比利率规则、数量规则和混合规则在外生冲击下对实体经济和通货膨胀的拟合，检验何种政策变量工具更符合中国实际，以提高货币政策的传导效率。研究发现，综合使用数量规则和利率规则更能真实反映中国经济的运行情况，熨平宏观经济波动，改善社会福利。

在此背景下，政府债券对商业银行贷款的影响也在数量渠道和利率渠道两个方面发挥作用。从数量渠道上看，政府债券直接减少了市场中的流通货币量，降低了商业银行的超额存款准备金规模，使得商业银行能够用于信用创造的货币减少，进而减少了商业银行的贷款规模。从利率渠道上看，政府债券会导致市场中的资金减少，造成了资金供给和需求的不平衡，推动了市场利率的上升，进而增加了企业的融资成本，降低了企业的融资意愿，使得商业银行通过信用创造贷款和存款货币的规模降低。同时，政府债券以发行利率作为其愿意支付的资金成本，在资金供给量不变的情况下，政府部门想要获得资金，只能提高政府债券利率。但政府债券利率被视为无风险利率，债券利率的上升将传导至其他市场利率，增加融资成本，同样降低了企业的融资意愿和商业银行贷款规模。政府债券在数量渠道和利率渠道这两个机制路径下，从商业银行能够提供的贷款规模和企业愿意持有的贷款规模两方面影响了商业银行贷款规模。在利率市场化改革的不断推进下，"政府债券利率—价格型货币政策工具—贷款规模"的传导路径不断畅通，效率逐渐增加。政府债券通过利率渠道对商业银行贷款规模的影响，不容忽视。

第五节　地方政府债券的区域性影响

政府债务对商业银行贷款规模的影响，不仅适用于全国层面，在省级层面也同样适用。地方政府债券能够发挥对本地商业银行贷款规模的影响力，是基于地方政府债券的区域性特征和商业银行贷款的区域性特征。当地方政府债券的购买者主要是本地的商业银行、地方政府债券的投资方向主要为本地项目、本地商业银行贷款主要向本地企业或个人发放时，可在省份范围内探讨政府债券对商业银行贷款规模的影响，排除了外部资金来源和外部资金需求，因此能更真实地反映政府债务的调控力和影响力。

地方政府债券购买的区域性，是指购买地方政府债券的资金主要来自本省份范围内的商业银行。地方政府有极大的积极性吸引商业银行投资于本地经济建设，其吸引商业银行资金的手段包括但不限于财政存款、国库现金管理、财政补贴、官员任免掌控等（徐忠，2018），加强商业银行对地方政府债券的投资力度是缓解财政压力的重要手段。《地方政府债券发行管理办法》（财库〔2020〕43 号）指出，地方财政部门应当按照有关法律法规，在平等自愿的基础上与地方政府债券承销团成员签署债券承销协议，承销团成员可以书面委托其分支机构代理签署并履行债券承销协议。地方政府债券的购买资金主要来自以下两个主体。

第一，全国性商业银行及其分支行是地方政府债券的最大购买者，银行总行负责制定各区域地方政府债券的投资策略，具体的投资过程由各分支行负责实施。各分支行投资地方政府债券，能享受地方政府债券的利息免税政策且风险权重低。另外，其具备较好的信息优势，也能因此与地方政府形成良性互动关系。信息优势方面，中国行政区域划分和经济地理位置的不同，导致各省份在经济发展、人文环境、消费观念和社会发展上存在差异，在地方政府债券上体现为地方政府财力、社会共同需要和基础设施建设项目存在差异。相对于省份外的商业银行，本省份内的商业银行在以上方面存在更多的信息优势，能以更合理的利率和规模承销地方政府债券，优化商业银行资产负债表结构，促进资金的有效合理配置。与地方政府良性互动方面，持有地方政府债券能保持与地方政府的良性互动，比如根据地方政府债券资金的支付路径，提前做好资金链上下游企业相关账户的资金管理工作，稳定预期；为地方政府债券对应的项目提供配套贷款，增强资产的安全性等。

第二，城市商业银行是地方政府债券的第二大购买者，是地方政府筹集资金的重要来源。城市商业银行秉承"立足地方经济建设、立足中小企业发展、立足城市居民"的市场定位，在地方经济发展、居民生活、社会治理上发挥着重要的作用，与地方政府保持着密切的联系（祝继高等，2020）。在城市商业银行的组建过程中，地方政府发挥着重要的引导和支持作用，其持股比例约为30%（蒋世站，2018），是城市商业银行的重要股东。这在法律上赋予地方政府控制和影响城市商业银行投资决策、人事任免、股本投入等的能力和权力。在财政分权、金融危机、晋升锦标赛等因素驱动下，地方政府有极大的动力控制城市商业银行的资金投向，以满足预算内资金不足、基础设施建设资金需要、国有企业融资需要等目的。城市商业银行甚至被视为地方政府的"第二财政"（钱先航等，2011）。在地方政府债券被授权正式发行后，城市商业银行毫无疑问成为地方政府保证地方政府债券顺利发行的重要资金来源。在自身市场定位和地方政府持股的现实背景下，城市商业银行与地方经济发展间存在千丝万缕的联系，城市商业银行可以通过购买地方政府债券的方式助力地方建设。

地方政府债券使用的区域性，是指地方政府债券资金主要用于本地公益性资本支出。新《中华人民共和国预算法》明确规定，地方必需的建设投资资金，可通过地方政府债券融资。政府部门应逐步建立完善的地方政府信用评级制度和地方政府债券市场，以发挥地方政府债务促进经济社会发展的积极作用。可以看出，与企业发行企业债券用以支持企业的生产活动相同，地方政府债券发行也是为了弥补省级预算中不足的建设资金，支持本地公益性资本项目的建设。一般债券用于本地没有收益的公益性事业，专项债券用于本地有一定收益的公益性事业。例如，政府专项债券项目由市县级各主管部门提出申请，如住房和城乡建设局、教育局等，在市县级财政部门汇集和市县级政府批准后报省级财政部门。省级财政部在限额内分配各市县的专项债券限额并批准公益性资本项目。省级政府获得债券资金后及时拨付给市县级财政部门。根据中国债券信息网中各省份债券信息的披露文件可以发现，在市县级财政部门获得债券资金后，会将资金拨付给具体的项目实施单位——行业主管部门或者国有企业。当项目由行业主管部门负责实施时，主管部门通过招标程序确定项目承包单位进行建设；当项目由国有企业负责实施时，应配合行业主管部门做好专项债券发行准备工作，及时披露项目进度、专项债券资金使用情况等信息。此时，债券资金支出明确到具体的项目中，债券使用与目的相匹配，与项目形成的资产一一对应。债券"借"和"用"统一，谁借债、谁使用、谁受益，形成的项目资产属于本省份政府部门，在本省份范围内存在。同时，项目建设单位获得的财政资金不是一次性花费完，部分资金仍然存入企业在商业银行开设的账户中。由于项目建设单位均是本省份范围内的国有企业，资金仍在本省份范围内流通，以促进本省份经济社会发展。

商业银行贷款的区域性，是指商业银行贷款投向集中于本省份的企业和居民。这主要体现在三个方面。第一，城市商业银行可以在所在城市行政区划外设立省份内和省份外异地分支机构，通过设立异地分支机构，以期实现规模经济效益和经营上的地理多元化。目前城市商业银行多在省份内其他地级市开展业务，在省份外多集中在一线城市，如北京、上海、深圳等（杨超和韩树昶，2020）。可见，虽然城市商业银行拥有在异地设立分支机构开展信贷业务的权力，但省份外异地分支机构较少，大部分分支机构仍然开设在省份内，表现出有限的跨区域资本流动的特征。省份内分支机构吸收省份内其他城市的存款资金，并通过资源整合支持其项目和业务的开展，促进省份内资金流动和经济发展。

第二，由于中国各城市或区域的资本回报率存在差异，资本回报率离散程度越高，资本区域流动越受限，较高的资本回报率差异从侧面反映了商业银行贷款市场的地域分割特征（Huang et al.，2020）。大型商业银行的内部资本市场无法平衡各城市信贷需求的差异，由于银行季度贷款的最高限额由中国人民银行核定，然后由银行总行分配给各分支机构，当存在超出限额的贷款需求时，单个分支机构无法进入银行内部资本市场扩大信贷（Agarwal et al.，2018），这使得分支机构对贷款的决策和投向大部分局限在本省份内部。同时，小型银行是银行间价格接受者，缺乏在银行间市场的议价能力和准入机制。大型银行通过提高流动性价格，降低来自小型银行的融资竞争，使得小型银行无法从银行间市场获得资金满足其贷款需求（Hachem and Song，2016）。因而小型银行贷款更多依赖于银行内部已有资源，而无法从外部市场获得资金补给。

第三，当银行和借款人位于不同的省份时，商业银行对借款人资产状况、经营情况等的了解仅限于纸质申请材料，且实地调研成本较高，商业银行异地贷款面临信息不对称的风险。二者所处司法辖区的不同，也导致了信贷合同执行中存在不可避免的摩擦，在审理案件时商业银行在当地法院受到青睐，在异地省份则不然（Lu et al.，2016）。这使得商业银行更偏向于在统一司法辖区内签订贷款合同，避免信息不对称和司法摩擦带来的风险。商业银行通过贷款创造存款的路径依赖于对银行贷款投向的把握和控制，大型商业银行缺乏在银行间内部资本市场进行贷款配置的能力，小型商业银行缺乏在银行间市场融资的溢价能力，这导致商业银行在贷款资金来源和投向上均存在区域上的优势，也使得商业银行更倾向于将贷款投入到本省份范围内的企业和居民中。

地方政府债券购买的区域性、地方政府债券使用的区域性以及商业银行贷款的区域性，使得省级层面同样能观察到地方政府债务对商业银行贷款规模的影响。不同省份地方政府债券发行规模和发行利率不同，不同省份商业银行贷款的特征亦不同，通过对全国各省份政府债务和商业银行贷款关系的辨析，能更清晰地认识到政府债务影响商业银行贷款的具体路径和异质性特征，以详细全面探讨二者间的联系，为因地制宜防控各省份地方政府债务风险提供支撑。

第六章　政府债务影响商业银行贷款的机制模型

本书通过对政府债务影响商业银行贷款的制度基础分析，明晰了政府债务如何基于国库集中收付制度实现对流通货币的调控力；通过对政府债务影响商业银行贷款的现实基础分析，明晰了商业银行持有大量政府债务的现状、商业银行信用创造对贷款规模的影响以及利率市场化改革对贷款规模的影响。本章将结合前两章的分析，从机制模型入手解析政府债务在发行、流通、使用和偿还环节中对商业银行贷款规模的全流程影响。

第一节　机制模型的基础假设

本节假设政府债务和货币仅存在于一个封闭的经济体内，这个封闭经济体存在如下三个特征。

第一，经济体由四个部门组成：财政部门、中央银行、商业银行和私人部门。财政部门掌握国库，通过财政收支活动、国库现金管理活动、政府债务等调控市场中的货币。中央银行管理国库，是基础货币的发行者，运用公开市场操作等手段对货币进行调控。商业银行是信用创造的主体，通过贷款和证券投资实现存款货币创造。私人部门是货币的持有者。

第二，财政部门的资金按照国库集中收付制度管理，财政收支统一集中存放在国库单一账户中，仅由财政部门支配使用。国库单一账户开设在中央银行中，构成中央银行的负债，商业银行代理国库集中支付业务。

第三，发放贷款是商业银行存款货币创造的主要渠道，商业银行致力于将超额准备金全部用于信用创造。

本章使用的符号说明见表 6-1。

表 6-1　符号说明

符号	含义
D	政府债券金额
r	存款准备金率
c	现金漏损率
i	政府债券利率
q	政府债券资金滞留国库的比例
L^f	发行环节带来的商业银行贷款规模变动
L^l	流通环节带来的商业银行贷款规模变动
L^s	使用环节带来的商业银行贷款规模变动
L_i^c	债券利息偿还带来的商业银行贷款规模变动
L_b^c	债券本金偿还带来的商业银行贷款规模变动（运用预算收入）
L_x^c	债券本金偿还带来的商业银行贷款规模变动（运用"借新还旧"）

第二节　政府债务发行环节的贷款效应

政府债务发行环节导致资金从商业银行账户转入国库账户中，降低了商业银行的存款准备金，进而导致贷款规模的减少。政府债券在银行间市场、交易所市场和商业银行柜台市场发行，债券投资者包括如商业银行等的大型投资机构，也包括个人和中小机构投资者。政府债券开始重视商业银行柜台市场的建设，凭证式国债和储蓄国债主要在商业银行柜台面向个人投资者发行，地方政府债券也开始通过商业银行柜台市场发行以满足个人和中小机构投资者的需要。但从上述关于政府债券发行的持有现状来看，商业银行在政府债券持有者结构中仍占有较大比重。因此，本节以商业银行购买政府债券为例，对政府债券发行对商业银行贷款的影响进行分析。

　　假设政府发行 100 元政府债券，全部由商业银行购买。商业银行购买政府债券，将导致商业银行资产端政府债券增加 100 元。政府债券筹集的资金全部缴入国库进行集中管理，商业银行需向政府部门支付 100 元的准备金。这个步骤通过商业银行和政府部门在中央银行开设的账户间的资金流动实现。商业银行准备金存款减少 100 元，国库存款增加 100 元。具体的影响过程如表 6-2 所示。

表 6-2　商业银行购买政府债券的资金流动

财政部门		中央银行		商业银行		私人部门	
资产	负债	资产	负债	资产	负债	资产	负债
④国库存款+100	①政府债券+100		③准备金-100 ④国库存款+100	②政府债券+100 ③超额准备金-100			

注：表格中数字①、②、③、④代表事件发生的顺序。

　　如果商业银行的超额存款准备金不足以购买政府债券，那么商业银行可通过向中央银行再贷款、抵质押政府债券、提前保留贷款收回资金等方式增加超额存款准备金，满足购买政府债券的需要。假设初始状态中商业银行超额存款准备金正好满足购买政府债券的需要，商业银行购买政府债券会导致准备金减少量为 100 元，其贷款规模相应的减少量可用公式进行测度。若用 D 表示政府债券发行额度；L^f 表示商业银行购买政府债券导致的贷款规模的变动；c 表示现金漏损率；r 表示存款准备金率；商业银行信用创造的货币乘数为 $m = 1/(r+c-rc)$。因此，政府发行规模为 D 的债券，将导致超额准备金等量减少 D，相应带来商业银行贷款规模 L^f 的变动如公式 6.1 所示：

$$L^f = -\frac{D}{(r + c - rc)} \tag{6.1}$$

第三节 政府债务流通环节的贷款效应

政府债券资金进入国库后，一部分资金直接进入使用环节用于满足政府财政支出的需要，另一部分资金则暂时滞留在国库中，不能获得任何资金收益，还要支付债务资金使用成本，因此国家通过国库现金管理来提高这部分资金的使用效益，加强对国库库款的管理。假设政府债券资金 D 中有比例为 q 的资金被直接投入到使用阶段，债券资金使用带来的效果将在后续第四节分析。剩余政府债券资金 $(1-q)D$ 将在国库现金管理的基础上作为商业银行定期存款进入到流通领域。

假设政府债券资金 D 为 100 元，国库现金管理将 $100(1-q)$ 资金用于商业银行定期存款，使得在财政部门资产负债表中，国库存款减少 $100(1-q)$，国库现金管理存款增加 $100(1-q)$。国库财政存款从国库转入到商业银行，需要经过中央银行清算系统，中央银行资产负债表中，国库存款减少 $100(1-q)$，商业银行准备金增加 $100(1-q)$，商业银行定期存款增加 $100(1-q)$，计入"国库定期存款"科目下。由于财政资金变为了商业银行定期存款，适用 r 的存款准备金率，因此资金转入商业银行使得法定存款准备金增加 $100r(1-q)$，超额存款准备金增加 $100(1-r)(1-q)$。具体的影响过程如表 6-3 所示。

表 6-3 国库现金管理带来的资金流动

财政部门		中央银行		商业银行		私人部门	
资产	负债	资产	负债	资产	负债	资产	负债
① 国库存款 $-100(1-q)$			① 国库存款 $-100(1-q)$	③法定准备金 $+100r(1-q)$	②定期存款 $+100(1-q)$		

续表

财政部门		中央银行		商业银行		私人部门	
资产	负债	资产	负债	资产	负债	资产	负债
①国库现金管理存款 +100 (1-q)			②准备金 +100 (1-q)	③超额准备金 +100 (1-r)(1-q)			

注：表格中数字①、②、③代表事件发生的顺序。

商业银行准备金的增加，将激励商业银行发放贷款，商业银行信用创造将增加商业银行贷款规模 100 (1-r)(1-q)，同时创造出商业银行存款 100 (1-r)(1-q)。这部分存款被取出存入到下一个商业银行，在现金漏损率 c 和存款准备金率 r 的影响下，将增加贷款 100 (1-r)(1-q)(1-r)(1-c)，以此类推。以 L^l 表示国库现金管理操作带来的商业银行贷款规模的变动，投入国库现金管理中的政府债券资金为 (1-q)D，带来商业银行超额存款准备金增加 (1-r)(1-q)D，最终形成贷款的增量如公式 6.2 所示。

$$L^l = \frac{(1-r)(1-q)D}{(r+c-rc)} \qquad (6.2)$$

商业银行定期存款期限多为 1 个月（28 天），到期后商业银行需按照约定将定期存款本金和利息转回国库（本书暂不考虑利息的影响）。商业银行定期存款到期后转回国库的资金流动和资金从国库中转出相反，国库存款增加 (1-q)D，商业银行存款准备金减少 (1-r)(1-q)D，相应带来贷款规模的变动如公式 6.3 所示。

$$L^l = -\frac{(1-r)(1-q)D}{(r+c-rc)} \qquad (6.3)$$

第四节   政府债务使用环节的贷款效应

不论政府债券资金是立即投入使用，还是在国库中短期停留后再使用，政府债券资金的使用均纳入政府财政支出范畴统一管理。政府财政支出对市场中资金流和商业银行贷款规模的影响，也可视为政府债券资金使用带来的效果，将导致商业银行贷款规模的扩张。

假设政府债券资金为 100 元，全部用于公益性项目建设，这将减少政府应付款项 100 元。根据国库集中支付制度，商业银行代理国库集中支付业务。政府部门下达支付指令，要求代理银行先将资金划转至项目承接单位账户，导致私人部门银行存款增加 100 元，应收款项减少 100 元。商业银行代理支付给项目承接单位后，私人部门银行存款增加 100 元，财政部门开设在商业银行的财政零余额账户中记为 −100 元。每日终了，财政零余额账户中余额为 0，商业银行通过中央银行清算系统与国库单一账户进行清算，增加零余额账户存款 100 元，增加商业银行存款准备金 100 元，减少国库存款 100 元。资金从国库中支付给项目承接单位，变为流通中的一般资金，适用一般存款准备金率 r，这将增加商业银行法定存款准备金 $100r$，增加超额存款准备金 $100(1-r)$。具体的影响过程如表 6-4 所示。与此相同，商业银行超额存款准备金增加将通过贷款方式进行信用创造，以 L^s 表示政府债券资金使用带来的商业银行贷款规模的变动，政府债券资金 D 带来商业银行超额存款准备金增加 $(1-r)D$，在货币乘数 $m=1/(r+c-rc)$ 的作用下，相应带来商业银行的贷款规模变动如公式 6.4 所示。

$$L^s = \frac{(1-r)D}{(r+c-rc)} \tag{6.4}$$

表 6-4 政府债券资金使用带来的资金流动

财政部门		中央银行		商业银行		私人部门	
资产	负债	资产	负债	资产	负债	资产	负债
⑤国库存款 -100	①应付款项 -100		④准备金 +100 ⑤国库存款 -100	④法定准备金 +100r ④超额准备金 +100(1-r)	③银行存款 +100 ③零余额账户 -100 ④零余额账户 +100	②银行存款 +100 ②应收款项 -100	

注：表格中数字①、②、③、④、⑤代表事件发生的顺序。

第五节 政府债券偿还环节的贷款效应

政府债券偿还包括政府债券本金的偿还和利息的偿还。政府债券偿还利息的资金来源于预算收入，因此将其作为财政预算支出的一部分进行核算，减少了国库财政存款资金。政府债券偿还本金的资金来源于预算收入和发行新债，运用预算收入偿还债券本金降低了国库财政存款余额，运用"借新还旧"方式偿还本金将先从市场中筹集新发债券资金，再用于偿债。

假设政府债券利率为 i，政府债券规模为 100 元。政府债券偿还利息时，先由财政部门将应付利息统一支付给商业银行，再由商业银行代理偿还，这将导致国库存款减少 $100i$，商业银行准备金增加 $100i$。商业银行作为政府债券的唯一持有人，这部分债券利息将直接进入商业银行账户中作为投资收益，使得商业银行超额存款准备金实际上增加了 $100i$。具体的影响过程如表 6-5 所示。这部分增加的准备金将被投入到信用创造过程中，增加商业银行贷款。若用 D

表示政府需要偿还债券额度，L_i^c 表示政府债券偿还利息带来的商业银行贷款规模变动，当银行超额存款准备金增加 iD 时，在货币乘数的作用下，商业银行的贷款规模变动如公式 6.5 所示。

$$L_i^c = \frac{iD}{(r + c - rc)} \qquad (6.5)$$

表 6-5　政府债券偿还利息带来的资金流动

财政部门		中央银行		商业银行		私人部门	
资产	负债	资产	负债	资产	负债	资产	负债
① 国库存款 $-100i$	① 应付款项 $-100i$		① 国库存款 $-100i$ ②准备金 $+100i$	② 超额准备金 $+100i$ ② 应收款项 $-100i$			

注：表格中数字①、②代表事件发生的顺序。

　　政府债券规模为 100 元，当运用预算收入偿还政府债券本金时，将导致国库存款减少 100 元，政府债券被偿还后同样减少 100 元。财政部门将这部分资金支付给商业银行代理偿还本金业务。由于商业银行购买了全部政府债券，因此这部分债券资金将直接支付给商业银行，这将导致商业银行准备金增加 100 元，同时政府债券资产减少 100 元。具体的影响过程如表 6-6 所示。商业银行资金从政府债券中收回，增加了银行存款准备金，也提高了商业银行的放贷能力。若用 D 表示政府债券需要偿还的金额，L_b^c 表示政府债券偿还本金带来的商业银行贷款规模变动。当银行超额存款准备金增加 D 时，商业银行的贷款规模变动如公式 6.6 所示。

$$L_b^c = \frac{D}{(r + c - rc)} \qquad (6.6)$$

表 6-6　政府债券偿还本金带来的资金流动——运用预算收入

财政部门		中央银行		商业银行		私人部门	
资产	负债	资产	负债	资产	负债	资产	负债
① 国库存款 −100	① 政府债券 −100		① 国库存款 −100 ②准备金 +100	② 超额准备金 +100 ② 政府债券 −100			

注：表格中数字①、②代表事件发生的顺序。

值得注意的是，当运用预算收入偿还利息和本金时，在政府债券偿还环节之前，需要通过财政收入活动来实现资金的国库缴入流程，为政府债券偿还提供资金支持。这部分以财政收入形式进入到国库中的资金，同样会导致市场中资金流和商业银行贷款规模的减少，其影响与政府债券运用预算收入偿还带来的影响在方向上相反，二者的影响存在一定的冲销。不同的是，政府收入资金来源于私人部门承担的纳税义务，而这部分资金用于债券偿还支付给债券持有者，也就是商业银行。二者对商业银行贷款的影响存在一定的差异，私人部门运用银行存款支付纳税义务，将导致商业银行超额存款准备金减少 100（1−r），财政部门将这部分资金用于债券偿还将导致商业银行准备金增加 100 元。两者间的差异由存款准备金 r 造成，私人部门存款需提取存款准备金，而商业银行资金本身就是超额存款准备金，因此这部分资金成为商业银行超额存款准备金后，能够被用于信用创造，这增加了商业银行的贷款规模。

政府债券规模为 100 元，当运用"借新还旧"的方式偿还债券本金时，其对资金流的影响较为复杂。为了偿还到期债券，政府部门需新发行等额的政府债券，假设这部分新发债券仍然由商业银行全额购买，这将使得财政部门政府债券负债增加 100 元，商业银行政府债券资产增加 100 元，准备金减少 100 元。这部分准备金通过

中央银行由商业银行账户转入国库单一账户中，增加了国库存款 100
元。国库直接将这部分资金用债券偿还，其影响过程与运用预算收
入偿还一致，减少了到期的政府债券 100 元和国库存款 100 元，同
时商业银行政府债券减少 100 元，准备金增加 100 元。具体的影响
过程如表 6-7 所示。可以看到，"借新还旧"的方式，并未改变商
业银行准备金规模，也未改变财政部门、中央银行和商业银行的资
产负债表结构，唯一改变的是政府债券由到期债券转变为新发债券，
因此政府债券期限增加了。若用 D 表示政府债券需要偿还的金额，
L_x^c 表示政府债券偿还本金带来的商业银行贷款规模变动，则商业银
行准备金变动为 0，商业银行贷款规模的变动如公式 6.7 所示。

$$L_x^c = 0 \tag{6.7}$$

表 6-7　政府债券偿还本金带来的资金流动——运用借新还旧

财政部门		中央银行		商业银行		私人部门	
资产	负债	资产	负债	资产	负债	资产	负债
③国库存款 +100	①政府债券 +100		②准备金 -100	②政府债券 +100			
④国库存款 -100	④政府债券 -100		③国库存款 +100	②准备金 -100			
			④国库存款 -100	⑤准备金 +100			
			⑤准备金 +100	⑤政府债券 -100			

注：表格中数字①、②、③、④、⑤代表事件发生的顺序。

在到期政府债券由商业银行购买，且新发政府债券仍由商业银
行购买的假设下，借新还旧的运用并不会改变商业银行贷款规模。

但当到期债券的持有者和新发债券的购买者不是同一主体时，将导致市场中资金流的变化。例如，当到期债券持有者为商业银行，新发债券的购买者为私人部门时，将使准备金增加 $100r$，进而带来商业银行贷款规模的扩张。这一过程，实质上是将商业银行持有的政府债券逐渐转移到私人部门，释放政府债券占用的商业银行准备金，促进商业银行贷款和存款货币创造，为实体经济提供贷款支持。

第六节　政府债券全流程的贷款效应

政府债券对商业银行贷款规模的影响，可细分为政府债券发行环节、流通环节、使用环节和偿还环节对商业银行贷款的影响。政府债券不同环节对商业银行贷款的影响是不同的。表6-8 总结了政府债券不同环节带来的资金流动。

表 6-8　政府债券不同环节带来的资金流动

政府债券环节	补充说明	国库存款变化	超额准备金变化	贷款规模变化
发行环节	商业银行购买价值为 D 的政府债券	$+D$	$-D$	$L^f = -\dfrac{D}{(r+c-rc)}$
流通环节	比例为 q 的债券资金滞留，且存款准备金率为 r	$-(1-q)D$	$(1-r)(1-q)D$	$L^l = \dfrac{(1-r)(1-q)D}{(r+c-rc)}$
	商业银行定期存款到期	$+(1-q)D$	$-(1-r)(1-q)D$	$L^l = -\dfrac{(1-r)(1-q)D}{(r+c-rc)}$
使用环节	与财政支出相同	$-D$	$+(1-r)D$	$L^s = \dfrac{(1-r)D}{(r+c-rc)}$
偿还环节	偿还利息且利息率为 i	$-iD$	$+iD$	$L^c_i = \dfrac{iD}{(r+c-rc)}$
	偿还本金－预算收入情况	$-D$	$+D$	$L^c_b = \dfrac{D}{(r+c-rc)}$
	偿还本金－借新还旧情况	0	0	$L^c_x = 0$

政府债券发行环节，国库存款增加 D，导致商业银行贷款规模减少，变动规模为 $L^f = -\dfrac{D}{(r+c-rc)}$。

政府债券流通环节，商业银行贷款规模先增加后减少，商业银行定期存款资金转入和资金到期带来的影响方向相反，效果大小相同，相互抵消，其仅在时间上而非总量上影响贷款规模。

政府债券使用环节，国库存款减少 D，商业银行定期存款增加，变动规模为 $L^s = \dfrac{(1-r)D}{(r+c-rc)}$。

政府债券偿还环节，债券利息支付导致国库存款减少 iD，商业银行贷款规模增加，变动规模为 $L^c_i = \dfrac{iD}{(r+c-rc)}$。债券本金用预算收入支付导致国库存款减少 D，商业银行贷款规模增加，变动规模为 $L^c_b = \dfrac{D}{(r+c-rc)}$；债券本金用"借新还旧"的资金支付不会导致国库存款规模的改变，商业银行贷款规模不变，但因为用新发债券替代了到期债券，政府债券结构改变。

从政府债券全流程的角度看，用预算收入偿还带来的资金变动如公式 6.8 所示。

$$L_1 = L^f + L^s + L^c_i + L^c_b = -\frac{D}{(r+c-rc)} + \frac{(1-r)D}{(r+c-rc)} + \frac{iD}{(r+c-rc)} +$$

$$\frac{D}{(r+c-rc)} = \frac{D-rD+iD}{(r+c-rc)} > 0 \qquad (6.8)$$

用"借新还旧"方式偿还带来的资金变动如公式 6.9 所示。

$$L_2 = L^f + L^s + L^c_i = -\frac{D}{(r+c-rc)} + \frac{(1-r)D}{(r+c-rc)} +$$

$$\frac{iD}{(r+c-rc)} = \frac{iD-rD}{(r+c-rc)} < 0 \qquad (6.9)$$

当考虑到政府债券用预算收入偿还对财政收入占用的现实状况

时，政府债券偿还对市场资金流会产生先减少后增加的效果。政府财政收入用于偿还债券利息时，将导致商业银行贷款增加$\Delta_1 = \dfrac{irD}{(r+c-rc)}$，政府财政收入用于偿还债券本金时，将导致商业银行贷款增加$\Delta_2 = \dfrac{rD}{(r+c-rc)}$。因此，政府债券各环节带来的商业银行贷款规模变动分别如公式 6.10 与 6.11 所示。

$$L_1^{'} = L^f + L^s + \Delta_1 + \Delta_2 = -\frac{D}{(r+c-rc)} + \frac{(1-r)D}{(r+c-rc)} + \frac{irD}{(r+c-rc)}$$
$$+ \frac{rD}{(r+c-rc)} = \frac{irD}{(r+c-rc)} > 0 \qquad (6.10)$$

$$L_2^{'} = L^f + L^s + \Delta_1 = -\frac{D}{(r+c-rc)} + \frac{(1-r)D}{(r+c-rc)} +$$
$$\frac{irD}{(r+c-rc)} = \frac{irD - rD}{(r+c-rc)} < 0 \qquad (6.11)$$

可以看出，当政府债券全部由商业银行购买时，运用预算收入偿还政府债券，政府债券全流程将导致商业银行贷款规模的轻微增加；运用"借新还旧"方式偿还政府债券且新发政府债券全部由商业银行购买，将导致商业银行贷款规模的轻微减少。当前政府债券主要采用"借新还旧"方式偿还，在政府债券的存续期间将带来商业银行贷款规模的减少。

总的来看，政府债券发行、流通、使用和偿还环节中，债券流通、使用和偿还环节都是基于政府债券发行环节带来的资金流动。一方面，政府债券发行环节对商业银行贷款规模的影响最大，政府债券发行增加了国库中的财政存款，降低了商业银行超额存款准备金规模，降低了商业银行贷款规模。另一方面，债券流通环节仅带来商业银行贷款规模在短时间内的波动，且政府债务资金进入国库后有多大比例进入到国库现金管理中目前仍未可知。同时，债券使用环节中债券资金与预算资金合并支出，债券资金使用的真实效果难以分离。此外，债券偿还环节中，无论是用预算收入方式支付还是用"借新还旧"方式支付，都仅仅只是带来市场中资金流的一减一增变动，对资金规模的影响较小。因此，本书对政府债券发行环节带来的商业银行贷款规模的变动进行检验，据此提出本书的研究定理：

政府债券发行导致商业银行贷款规模降低。政府债券发行，增加了国库中财政存款规模，降低了商业银行超额存款准备金规模，在信用创造机制下，降低了商业银行贷款规模。

第七章　政府债务发行影响商业银行贷款规模的实证检验——数量渠道

第一节　国债发行与商业银行贷款规模的实证检验

本节对国债发行如何影响商业银行贷款规模进行实证检验。从机制分析和模型分析中可知，由于政府债券收入全部缴入国库中进行管理，国库存款的增加将改变市场中的流通货币，引起商业银行超额存款准备金的改变，在商业银行信用创造的作用下导致商业银行新增贷款规模降低。本节运用国债发行的月度时间序列数据，实证检验国债发行与商业银行新增贷款间的关系，并运用中介效应模型和内生性控制方法对二者间的影响机制和异质性进行分析。

一　计量模型设定和变量

（一）VAR 模型

VAR 模型的优势在于，其将序列自身的滞后项和方程组其他变量的滞后项纳入模型中，在不带任何事先约束条件的基础上，估计联合内生变量的动态关系。本节运用 VAR 模型对国债发行、政府存款、商业银行存款准备金和新增贷款规模间的动态关系进行分析。构建的模型如公式 7.1 所示。

$$y_t = \alpha_0 + \sum_{j=1}^{k} \alpha_j \, y_{t-j} + \varepsilon_t \qquad\qquad (7.1)$$

其中，y_t 是包含模型中所有变量的列向量；t 代表月份；j 代表模型滞后阶数，$j=1$，2，$\cdots$，k；α_j 为滞后变量的系数矩阵；y_{t-j} 为变量的 j 阶滞后项；a_0 为常数项；ε_t 为随机扰动项。在构建模型后，本章将对模型进行脉冲响应和方差分解分析，以展示变量间相互响应的动态变化和变量变动方差的相互解释力。

根据前述理论分析，y_t 包含国债发行额、政府存款、存款准备金和贷款新增。国债发行额汇总了除特别国债外所有类型国债的发行额，包括凭证式国债、储蓄国债和记账式国债，衡量国债从市场中筹集的资金规模，这部分资金纳入国库将造成资金流通量的事实性减少；政府存款衡量了国库中的存款总额，国库政府存款的变动必然导致中央银行资产负债表中负债端其他项目的变动或资产端项目的变动；存款准备金衡量了商业银行在中央银行账户中的资金规模，包括法定存款准备金和超额存款准备金，这部分资金是基础货币的一部分，其多寡决定了商业银行的贷款能力；贷款新增是商业银行贷款余额的增加量，是当期贷款余额相对于上一期贷款余额的净增加量，反映了贷款规模的变动。

（二）中介效应模型

前述理论分析认为，国库集中收付制度的存在，赋予了国债对商业银行贷款规模的影响力。借鉴温忠麟和叶宝娟（2014）的研究，本节运用中介效应模型对理论机制分析是否成立进行检验，验证政府债务是否通过对国库政府存款规模的影响，进而影响商业银行的存款准备金和贷款规模。构建的模型如公式7.2至公式7.5所示。

$$Credit_t = \alpha_0 + \alpha_1 Debt_t + \alpha_2 X_t + year_t + \varepsilon_t \qquad\qquad (7.2)$$

$$Revenue_t = \beta_0 + \beta_1 Debt_t + \beta_2 X_t + year_t + \varepsilon_t \tag{7.3}$$

$$Credit_t = \gamma_0 + \gamma_1 Revenue_t + \gamma_2 X_t + year_t + \varepsilon_t \tag{7.4}$$

$$Credit_t = \rho_0 + \rho_1 Debt_t + \rho_2 Revenue_t + \rho_3 X_t + year_t + \varepsilon_t \tag{7.5}$$

公式 7.2 中 t 代表月份，$Credit_t$ 为商业银行新增贷款规模，$Debt_t$ 为国债发行规模，X_t 为包含存款准备金、存款余额、外汇、中央银行基础货币净投放量等在内的一系列控制变量，$year_t$ 为年度控制变量，α_0 为常数项，ε_t 为随机扰动项。公式 7.2 是国债发行与商业银行新增贷款规模关系的分析，检验国债发行如何影响新增贷款的变动方向和变动幅度。公式 7.3 和公式 7.4 为机制分析，$Revenue_t$ 为政府存款，β_0 和 γ_0 为常数项，ε_t 为随机扰动项。两式检验政府存款是否为国债发行的影响路径，对从国债发行到政府存款，政府存款到新增贷款的路径进行分析。公式 7.5 将国债发行和政府存款同时加入方程中，进一步验证财政存款的作用和中介效应是否存在。第一步，如果 β_1 和 ρ_2 同时显著，则间接效应显著；如果只有一个显著，运用 Bootstrap 法进行检验，若结果显著则间接效应显著。第二步，如果 ρ_1 不显著，则直接效应不显著，是完全中介效应；如果 ρ_1 显著，则直接效应显著，进行第三步。如果 $\beta_1\rho_2$ 与 ρ_1 同号，则是部分中介效应；如果 $\beta_1\rho_2$ 与 ρ_1 异号，则是遮掩效应。

（三）稳健 OLS 回归

为了克服银行贷款减少导致政府债务增加的内生性问题，借鉴 De Bonis 和 Stacchini（2010）、程宇丹和龚六堂（2014）等的做法，本节采用新增贷款 5 期均值作为被解释变量，以降低贷款周期波动等因素带来的内生性问题，构建的模型如公式 7.6 所示。

$$\frac{1}{5}\sum_{t-2}^{t+2} Credit_t = \alpha_0 + \alpha_1 Debt_t + \alpha_2 X_t + year_t + \varepsilon_t \tag{7.6}$$

其中，$\frac{1}{5}\sum_{t-2}^{t+2}Credit_t$ 为滞后一期、滞后二期、当期、提前一期和提前二期的算术平均值。其他变量含义与上文相同。

二 数据来源和变量描述

本书模型的数据区间为 2006～2019 年的国债月度时间序列数据，主要是基于 2006 年开始实行国债余额管理改变了国债的管理方式的考量，国债通过总额控制而不再通过发行控制，增强了国债发行的灵活性，也增强了国债对货币市场的调控力。国债数据来自 Wind 数据库，政府存款、贷款余额、长期贷款、短期贷款、存款准备金等数据来自中国人民银行网站[①]。表 7-1 展示了主要变量的描述性统计。

表 7-1 主要变量描述性统计

单位：亿元

变量名	Obs	均值	方差	最小值	最大值
贷款新增	168	7954.957	5081.738	-2546.094	32289.500
贷款新增 5 期均值	166	7901.835	3638.821	1567.791	16284.850
短期贷款新增	168	2159.890	1932.217	-4243.164	7354.656
短期贷款新增 5 期均值	166	2153.529	1097.765	-182.877	4500.616
长期贷款新增	168	5218.148	3768.043	-635.219	25322.500
长期贷款新增 5 期均值	166	5178.981	2946.993	1114.006	12551.760
住户贷款新增[②]	59	5380.295	2124.065	-705.938	9943.875
住户贷款新增 5 期均值	55	27269.130	5680.185	14803.050	34213.250
企业贷款新增	59	6244.498	4427.784	-25.563	25747.750

---

① http：//www.pbc.gov.cn/.
② 由于中国人民银行自 2015 年起才单独公布存款类金融机构人民币信贷收支表，因此住户贷款和企业贷款数据仅为 2015 年至 2019 年的数据。

续表

变量名	Obs	均值	方差	最小值	最大值
企业贷款新增 5 期均值	55	31222.030	9844.673	10706.190	55193.630
国债发行	168	1712.526	1072.774	0	4658.904
政府存款	167	29026.290	8188.248	8556.980	45422.420
存款准备金	168	158489.600	68881.970	34727.270	249680.100
新增存款准备金	166	1046.836	7194.601	-32037.420	29484.700
新增存款余额	168	9771.523	11373.850	-19827.250	85415.750
新增外汇	166	906.727	2080.855	-7082.125	5574.414
净投放量	168	442.250	3643.760	-10250.000	18475.000

三　动态关系分析

本节对国债发行与商业银行贷款的动态关系进行分析。图 7-1 展示了国债发行额与商业银行贷款新增额的关系，图中黑线为国债发行额，灰线为商业银行贷款新增额。从图中可以看出，商业银行贷款新增额与国债发行额间存在波峰对波谷的特征，当超额存款准备金规模保持不变时，商业银行将更多的超额准备金用于投资政府债券，这将降低能够用于发放贷款的超额存款准备金，最终降低商业银行贷款新增规模。政府债券投资占用的超额存款准备金越少，商业银行用贷款形式进行信用创造的规模就越高。

对数据进行平稳性检验是数据分析的前提，数据不平稳将出现伪回归结果，无法体现变量间的真实关系。本节用 X12-ARIMA 方法对数据进行月度调整，并运用 ADF 检验和 PP 检验，对国债发行、政府存款、存款准备金和贷款新增数据的平稳性进行检验，分析结果如表 7-2 所示。表中第二列和第三列是 ADF 检验统计量和对应的 P 值，第四列和第五列是 PP 检验统计量和对应的 P 值。d. 国债发行表示国债发行的一阶差分，以此类推。从表中可以看出，国债发行、贷款新增、政府存款和存款准备金变量的原数据均不平稳，P 值大

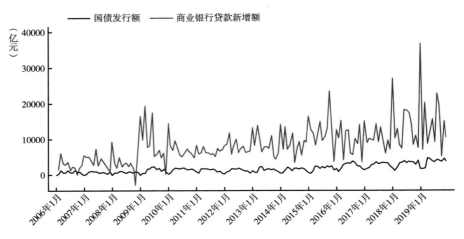

图 7-1　国债发行额与商业银行贷款新增额的关系

于 0.1，表明数据存在单位根。对变量进行一阶差分后，存款准备金一阶差分的 PP 检验在 1%的水平上显著，ADF 检验在 10%的水平上显著；其他变量在 1%的显著性水平上拒绝原假设，数据服从 I（1）平稳过程。

表 7-2　变量平稳性检验

变量名	ADF 检验		PP 检验	
	统计量	P 值	统计量	P 值
国债发行	0.815	0.992	-1.420	0.572
d. 国债发行	-12.623	0.000	-30.539	0.000
贷款新增	-1.060	0.731	-6.909	0.000
d. 贷款新增	-5.518	0.000	-30.571	0.000
政府存款	-2.276	0.180	-2.156	0.222
d. 政府存款	-4.715	0.000	-15.715	0.000
存款准备金	-2.324	0.164	-2.459	0.126
d. 存款准备金	-2.724	0.069	-15.336	0.000

表 7-3 为 VAR 模型滞后阶数判定表，表中报告了 AIC、HQIC 和 SBIC 准则的判定结果。从表中可以看出，AIC 确定的最优滞后阶

数为 4 阶，HQIC 和 SBIC 确定的最优滞后阶数为 2 阶。综合考虑信息的反映程度，本节选择 4 阶作为最优滞后阶数。

表 7-3 滞后阶数判定

滞后阶数	AIC	HQIC	SBIC
0	71. 169	71. 200	71. 245
1	70. 626	70. 781	71. 009
2	70. 305	70. 585*	70. 994*
3	70. 309	70. 714	71. 305
4	70. 213*	70. 742	71. 515
5	70. 299	70. 952	71. 907

注：＊代表最优滞后阶数。

在确定滞后阶数后，本节继续对国债发行、政府存款、存款准备金和贷款新增四个变量是否存在长期协整关系进行检验。表 7-4 报告了协整检验结果，其中，＊位于第二行，意味着只有一个线性无关的协整向量，该结果在 5% 的水平上显著，意味着国债发行、政府存款、存款准备金和贷款新增存在长期的协整关系。

表 7-4 协整检验结果

协整向量个数	Eigenvalue	Trace Statistic	5% Critical Value
0	.	86. 408	47. 210
1*	0. 310	26. 037	29. 680
2	0. 106	7. 765	15. 410
3	0. 041	0. 935	3. 760
4	0. 006		

注：＊为检验结果。

VAR 模型各阶估计系数联合显著。LM 检验估计结果不显著，接受残差无自相关的原假设。图 7-2 是 VAR 系统稳定性判定图，如图所示，所有特征值均在单位圆之内，表明 VAR 模型具有稳定性。

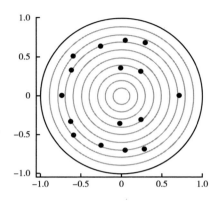

图 7-2 VAR 系统稳定性判定

表 7-5 展示了格兰杰因果检验结果，表中第一行为解释变量，第一列为被解释变量，YES 表示存在格兰杰因果关系，NO 表示不存在格兰杰因果关系。例如，第五行第二列为 YES，表示国债发行及其滞后阶数的系数在贷款新增估计模型中有一个不为 0，国债发行是贷款新增的格兰杰原因。表中结果显示，国债发行是贷款新增的格兰杰原因，政府存款是存款准备金的格兰杰原因，存款准备金是国债发行和贷款新增的格兰杰原因，贷款新增是国债发行和存款准备金的格兰杰原因。可见，国债发行和贷款新增存在双向格兰杰因果关系，存款准备金和贷款新增存在双向格兰杰因果关系，表明国债发行会影响贷款新增，存款准备金也会影响贷款新增。国债发行不是政府存款的格兰杰原因与理论不符，可能的原因在于政府存款不仅受到国债发行的影响，也受到财政收支状况的影响。当国债发行带来的政府存款的增加被财政支出多于财政收入的部分抵销时，则会降低国债发行对政府存款的影响。

表 7-5　格兰杰因果检验

变量	国债发行	政府存款	存款准备金	贷款新增
国债发行	—	NO	YES	YES
政府存款	NO	—	NO	NO
存款准备金	NO	YES	—	YES
贷款新增	YES	NO	YES	—

　　图 7-3 为模型的脉冲响应图。图中第一行表示面对国债发行冲击时，国债发行、存款准备金、政府存款和贷款新增如何响应。第一列表示面对国债发行冲击、存款准备金冲击、政府存款冲击和贷款新增冲击时，国债发行如何响应。其他行列的表示类似。从图中可以看出[①]，国债发行冲击在短期内会对贷款新增产生波动性影响，贷款新增在 0 期显著下降，1 期显著增加，2 期显著下降，之后影响效果逐渐趋于 0，且 95% 置信区间穿过 0 线影响效果不显著。整体上看，国债发行冲击对贷款新增的影响，同国债各个环节对贷款影响的理论分析吻合。在国债发行当期，货币从市场中流入国库，导致财政存款增加，商业银行存款准备金减少，进而减少了贷款新增。之后，国债发行资金一部分通过国库现金管理方式参与商业银行定期存款操作，另一部分随着政府财政支出流向市场，这增加了商业银行的存款准备金，进而增加了贷款规模。在第 2 期，由于商业银行定期存款期限多为 1 月、3 月等，定期存款到期使得资金转回国库，降低了商业银行贷款新增规模。

　　通过分解变量预测误差的方差，可以得出每个冲击对变量的贡献度，以此来衡量不同冲击在变量的变动中发挥的作用。表 7-6 展示了贷款新增的方差分解结果，从表中可以看出，贷款新增受自身的影响最大，随着预测期数的增加，影响效果从 94.67% 下降到

---

　　① 根据本书研究内容，重点分析国债发行冲击对贷款新增波动性的影响。

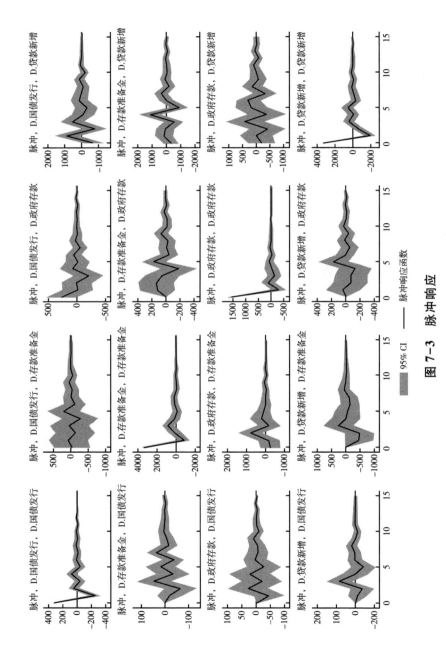

图 7-3　脉冲响应

注：图中横轴为脉冲响应期数，纵轴为脉冲响应值。

71.24%。在国债发行、政府存款和准备金存款三个因素中，国债发行的影响相对最大，其影响效果整体上随着预测期数的增加而增加，在第 15 期国债发行的贡献率达到 5.6%。其次是存款准备金，其对贷款新增方差的影响最大值为 3.9%。政府存款的影响效果最小，最大值仅为 2.3%。可以看出，国债发行对商业银行贷款新增预测误差起到了一定的解释作用。

表 7-6　贷款新增的方差分解

预测期数	贷款新增	国债发行	政府存款	存款准备金
1	0.00000	0.00000	0.00000	0.00000
2	0.94671	0.00000	0.00000	0.00000
3	0.90491	0.00065	0.00056	0.01728
4	0.86258	0.00835	0.00233	0.03458
5	0.82508	0.04894	0.00429	0.03751
6	0.75749	0.04682	0.01050	0.03703
7	0.72782	0.05467	0.02100	0.03702
8	0.72555	0.05429	0.02096	0.03837
9	0.71716	0.05393	0.02204	0.03889
10	0.71515	0.05558	0.02214	0.03920
11	0.71412	0.05554	0.02259	0.03919
12	0.71333	0.05608	0.02304	0.03919
13	0.71289	0.05609	0.02304	0.03924
14	0.71258	0.05607	0.02310	0.03924
15	0.71241	0.05608	0.02313	0.03924

通过上述分析可以发现，国债发行和商业银行贷款新增间存在动态关系。国债发行冲击将导致贷款新增出现先减少后增加再减少的波动，能对贷款新增的变动进行解释，符合前述理论和机制模型分析。

四 机制检验

基准回归的分析表明，国债发行能解释商业银行贷款新增的变动。本部分结合中介效应模型和稳健 OLS 回归，对未控制内生性和控制内生性情况下国债发行影响贷款新增的途径进行检验。表 7-7 展示了国债发行影响贷款新增的理论机制分析结果。列（1）至列（4）为未控制内生性的机制分析结果，列（5）至列（8）为运用贷款新增 5 期均值控制了内生性后的机制分析结果。

列（1）为国债发行与贷款新增的独立回归结果，国债发行与贷款新增呈显著负相关，国债发行每增加 1 个单位，贷款新增减少 1.35 个单位。列（2）和列（3）对政府存款是否为国债发行影响贷款规模的中介变量进行检验，发现国债发行越高，政府存款越高；政府存款越高，贷款新增越低，存在从"国债发行—政府存款—贷款新增"的影响路径。列（4）将国债发行和贷款新增同时加入方程中，发现国债发行变得不显著，政府存款仍然发挥显著负向影响，中介效应显著。国债发行通过改变政府存款规模，进而改变商业银行贷款规模，验证了前文的理论机制分析。

列（5）为在控制了内生性后国债发行与贷款新增 5 期均值的独立回归结果，可以发现国债发行与贷款新增 5 期均值呈显著负相关，国债发行每增加 1 个单位，贷款新增 5 期均值减少 0.711 个单位。相较于未控制内生性的结果，此时国债发行对贷款新增的影响方向不变，但影响程度降低。综合列（6）和列（7）的结果，可以发现在控制内生性后，国债发行显著正向影响政府存款，政府存款显著负向影响贷款新增 5 期均值。列（8）显示国债发行和政府存款系数均显著，国债发行的系数绝对值从 0.711 减弱至 0.431，同时政府存款发挥的中介变量作用仍然显著。整体来看，在控制内生性时，国债发行对贷款新增的影响效果相较于未控制时更小，剔除了贷款周期性波动等因素导致的相关性。

表 7-7　国债发行影响贷款新增的机制分析

变量	未控制内生性					控制内生性		
	(1)	(2)	(3)	(4)	(5)	(6)	(7)	(8)
	贷款新增	政府存款	贷款新增	贷款新增	贷款新增5期均值	政府存款	贷款新增5期均值	贷款新增5期均值
国债发行	-1.350**	2.561***		-0.847	-0.711***	2.561***		-0.431***
	(-2.57)	(5.22)		(-1.60)	(-5.47)	(5.22)		(-3.05)
政府存款			-0.243***	-0.196***			-0.134***	-0.110***
			(-4.00)	(-3.18)			(-5.48)	(-4.13)
新增存款准备金	-0.118**	-0.135**	-0.155**	-0.145**	0.00522	-0.135**	-0.0135	-0.00864
	(-2.11)	(-2.51)	(-2.41)	(-2.47)	(0.43)	(-2.51)	(-1.01)	(-0.70)
新增存款余额	0.172***	-0.0461	0.168***	0.162***	0.0233***	-0.0461	0.0208***	0.0179***
	(6.17)	(-1.02)	(6.35)	(6.34)	(3.08)	(-1.02)	(2.85)	(2.73)
新增外汇	-0.138	-0.138	-0.182	-0.165	-0.206***	-0.138	-0.230***	-0.221***
	(-0.48)	(-0.43)	(-0.59)	(-0.56)	(-3.11)	(-0.43)	(-3.24)	(-3.17)
净投放量	0.116	0.0751	0.114	0.131	-0.0325	0.0751	-0.0326	-0.0251
	(1.39)	(0.68)	(1.37)	(1.53)	(-1.35)	(0.68)	(-1.23)	(-0.98)
_cons	3286.5***	11134.9***	5429.2***	5469.5***	3389.9***	11134.9***	4595.4***	4617.2***
	(4.22)	(11.03)	(5.18)	(5.14)	(14.49)	(11.03)	(11.52)	(11.88)
时间效应	YES	YES	YES	YES	YES	YES	YES	YES
N	166	166	166	166	164	166	164	164
R-sq	0.650	0.750	0.665	0.673	0.899	0.750	0.910	0.914

注：（1）＊表示 p<0.10，在 10% 的水平下显著；＊＊表示 p<0.05，在 5% 的水平下显著；＊＊＊表示 p<0.01，在 1% 的水平下显著。

（2）括号内表示 t 值。

上述分析表明，政府存款是国债发行影响商业银行贷款规模的机制路径。国债发行导致政府存款增加，政府存款增加导致商业银行贷款规模降低。在控制内生性后，国债发行对贷款新增的影响效果变小，但影响方向不变。

五 异质性分析

本节将商业银行贷款分为长期贷款和短期贷款、企业贷款和住户贷款，分析国债发行对不同类型商业银行贷款的异质性影响，并检验政府存款中介效应的稳健性。

表 7-8 和表 7-9 分别展示了国债发行影响短期贷款和长期贷款的机制分析。其中，列（1）至列（4）为未控制内生性的机制分析结果，列（5）至列（8）为运用贷款新增 5 期均值控制了内生性后的机制分析结果。从表中可以得出以下三点结论。其一，国债发行通过政府存款影响短期贷款新增和长期贷款新增的中介效应仍然存在；其二，在剔除贷款周期波动等因素的影响后，国债发行对商业银行贷款规模的影响程度有所降低，国债发行每增加 1 个单位，短期贷款新增 5 期均值减少 0.252 个单位，长期贷款新增 5 期均值减少 0.673 个单位；其三，国债发行对短期贷款新增的影响效果低于长期贷款新增，表明长期贷款对国债发行的敏感度更高，这也符合前述理论和实践经验。国债的发行期限大部分在一年及以上，对长期资金的挤出程度更高。

表 7-10 和表 7-11 分别展示了国债发行影响企业贷款和住户贷款的机制分析。从表中可以得出以下三点结论。其一，在未控制内生性情况下，政府存款对企业贷款新增仍然发挥着中介作用。在控制内生性情况下，加入政府存款变量后的国债发行影响降低，同时政府存款系数变得不显著。根据温忠麟和叶宝娟（2014）对中介效应检验流程的梳理，如果 β_1 和 ρ_2 中有一个不显著，运用 Bootstrap 法检验 H_0：$\beta_1 \rho_2 = 0$ 是否显著，显著则间接效应显著。国债发行对企业

表 7-8　国债发行影响短期贷款的机制分析

变量	未控制内生性				控制内生性			
	(1) 短期贷款新增	(2) 政府存款	(3) 短期贷款新增	(4) 短期贷款新增	(5) 短期贷款新增5期均值	(6) 政府存款	(7) 短期贷款新增5期均值	(8) 短期贷款新增5期均值
国债发行	-0.617** (-2.26)	2.561*** (5.22)		-0.345 (-1.23)	-0.323*** (-3.67)	2.561*** (5.22)		-0.252*** (-2.73)
政府存款			-0.125*** (-4.67)	-0.106*** (-3.72)			-0.0417*** (-3.27)	-0.0278** (-2.13)
新增存款准备金	0.0238 (1.34)	-0.135** (-2.51)	0.00519 (0.29)	0.00940 (0.55)	-0.00277 (-0.45)	-0.135** (-2.51)	-0.00911 (-1.36)	-0.00628 (-0.99)
新增存款余额	0.0672*** (4.24)	-0.0461 (-1.02)	0.0646*** (4.91)	0.0623*** (4.61)	-0.000495 (-0.11)	-0.0461 (-1.02)	-0.000156 (-0.03)	-0.00184 (-0.36)
新增外汇	-0.0237 (-0.17)	-0.138 (-0.43)	-0.0455 (-0.34)	-0.0385 (-0.30)	-0.00683 (-0.14)	-0.138 (-0.43)	-0.0158 (-0.29)	-0.0108 (-0.22)
净投放量	0.0369 (0.92)	0.0751 (0.68)	0.0382 (1.02)	0.0449 (1.21)	-0.00597 (-0.38)	0.0751 (0.68)	-0.00850 (-0.49)	-0.00411 (-0.26)
_cons	1156.3*** (3.31)	11134.9*** (11.03)	2325.2*** (5.72)	2341.5*** (5.67)	1210.6*** (9.71)	11134.9*** (11.03)	1508.2*** (7.88)	1521.0*** (8.18)
时间效应	YES	YES	YES	YES	YES	YES	YES	YES
N	166	166	166	166	164	166	164	164
R-sq	0.370	0.750	0.410	0.417	0.679	0.750	0.670	0.687

注：(1) * 表示 p<0.10，在 10% 的水平下显著；** 表示 p<0.05，在 5% 的水平下显著；*** 表示 p<0.01，在 1% 的水平下显著。
(2) 括号内表示 t 值。

表 7-9 国债发行影响长期贷款的机制分析

变量	未控制内生性					控制内生性		
	(1) 长期贷款新增	(2) 政府存款	(3) 长期贷款新增	(4) 长期贷款新增	(5) 长期贷款新增5期均值	(6) 政府存款	(7) 长期贷款新增5期均值	(8) 长期贷款新增5期均值
国债发行	-1.498*** (-3.83)	2.561*** (5.22)		-1.249*** (-3.18)	-0.765*** (-5.69)	2.561*** (5.22)		-0.673*** (-5.01)
政府存款	-0.115** (-2.31)		-0.166*** (-3.42)	-0.0971** (-2.15)			-0.0732*** (-3.37)	-0.0363* (-1.78)
新增存款准备金	0.0496*** (2.93)	-0.135** (-2.51)	-0.144** (-2.31)	-0.128** (-2.40)	0.0133 (1.05)	-0.135** (-2.51)	0.00122 (0.08)	0.00878 (0.66)
新增存款余额		-0.0461 (-1.02)	0.0535*** (2.84)	0.0452*** (2.83)	0.00476 (0.95)	-0.0461 (-1.02)	0.00750 (1.03)	0.00301 (0.58)
新增外汇	-0.0961 (-0.63)	-0.138 (-0.43)	-0.135 (-0.75)	-0.109 (-0.70)	-0.117** (-2.16)	-0.138 (-0.43)	-0.136** (-2.59)	-0.122** (-2.30)
净投放量	0.0528 (0.97)	0.0751 (0.68)	0.0358 (0.65)	0.0601 (1.14)	-0.00164 (-0.06)	0.0751 (0.68)	-0.0109 (-0.41)	0.000786 (0.03)
_cons	2804.7*** (5.34)	11134.9*** (11.03)	3826.2*** (4.62)	3885.6*** (4.75)	2360.3*** (12.93)	11134.9*** (11.03)	2731.0*** (8.28)	2765.1*** (9.13)
时间效应	YES	YES	YES	YES	YES	YES	YES	YES
N	166	166	166	166	164	166	164	164
R-sq	0.691	0.750	0.662	0.700	0.909	0.750	0.893	0.911

注：（1）* 表示 p<0.10，在 10% 的水平下显著；** 表示 p<0.05，在 5% 的水平下显著；*** 表示 p<0.01，在 1% 水平下显著。
（2）括号内表示 t 值。

表 7-10 国债发行影响企业贷款的机制分析

变量	未控制内生性					控制内生性		
	(1) 企业贷款新增	(2) 政府存款	(3) 企业贷款新增	(4) 企业贷款新增	(5) 企业贷款新增5期均值	(6) 政府存款	(7) 企业贷款新增5期均值	(8) 企业贷款新增5期均值
国债发行	-1.868*** (-3.51)	1.967*** (3.56)		-1.294** (-2.33)	-7.368*** (-6.28)	1.967*** (3.56)		-6.506*** (-4.74)
政府存款			-0.407*** (-3.67)	-0.284** (-2.47)			-0.976*** (-3.79)	-0.405 (-1.47)
新增存款准备金	-0.0844 (-1.44)	-0.206*** (-3.40)	-0.180*** (-3.10)	-0.143** (-2.49)	0.143 (1.34)	-0.206*** (-3.40)	-0.119 (-0.96)	0.0611 (0.61)
新增存款余额	0.212*** (4.15)	0.0347 (1.11)	0.224*** (4.02)	0.211*** (4.22)	0.102 (1.03)	0.0347 (1.11)	0.193* (1.87)	0.102 (1.07)
新增外汇	-1.000* (-1.95)	0.246 (0.75)	-1.103* (-1.89)	-0.939 (-1.67)	-1.245 (-1.57)	0.246 (0.75)	-2.361*** (-2.85)	-1.193 (-1.41)
净投放量	-0.173** (-2.23)	0.0292 (0.28)	-0.225*** (-2.99)	-0.169** (-2.18)	-0.0277 (-0.14)	0.0292 (0.28)	-0.330 (-1.29)	-0.0343 (-0.17)
_cons	4899.3*** (2.15)	29278.3*** (19.82)	14439.4*** (3.11)	13224.7*** (3.11)	42301.2*** (9.74)	29278.3*** (19.82)	55735.2*** (5.91)	53931.3*** (6.05)
时间效应	YES	YES	YES	YES	YES	YES	YES	YES
N	57	58	57	57	53	53	58	53
R-sq	0.552	0.424	0.553	0.592	0.646	0.633	0.424	0.429

注：（1）* 表示 p<0.10，在10%的水平下显著；** 表示 p<0.05，在 5%的水平下显著；*** 表示 p<0.01，在 1%的水平下显著。
（2）括号内表示 t 值。

表 7-11 国债发行影响住户贷款的机制分析

变量	未控制内生性					控制内生性		
	(1) 住户贷款新增	(2) 政府存款	(3) 住户贷款新增	(4) 住户贷款新增	(5) 住户贷款新增5期均值	(6) 政府存款	(7) 住户贷款新增5期均值	(8) 住户贷款新增5期均值
国债发行	0.643 (1.61)	1.967*** (3.56)		1.037** (2.43)	1.504*** (4.00)	1.967*** (3.56)		1.087** (2.30)
政府存款			-0.0962* (-1.89)	-0.195** (-2.92)			0.292** (2.64)	0.196 (1.52)
新增存款准备金	-0.0328 (-1.24)	-0.206*** (-3.40)	-0.0431* (-1.76)	-0.0729** (-2.62)	-0.0262 (-0.72)	-0.206*** (-3.40)	0.0435 (1.00)	0.0135 (0.30)
新增存款余额	0.0841*** (4.15)	0.0347 (1.11)	0.0732*** (3.71)	0.0837*** (4.30)	0.0106 (0.29)	0.0347 (1.11)	-0.00434 (-0.10)	0.0109 (0.29)
新增外汇	-0.264** (-2.05)	0.246 (0.75)	-0.0914 (-0.60)	-0.223 (-1.50)	-0.00284 (-0.01)	0.246 (0.75)	0.167 (0.37)	-0.0280 (-0.06)
净投放量	0.0711 (1.37)	0.0292 (0.28)	0.118 (1.64)	0.0738 (1.39)	0.0568 (0.65)	0.0292 (0.28)	0.109 (1.25)	0.0600 (0.72)
_cons	214.7 (0.21)	29278.3*** (19.82)	4954.1*** (2.75)	5927.0*** (3.08)	13131.2*** (8.60)	29278.3*** (19.82)	7199.8* (1.74)	7501.3* (1.78)
时间效应	YES	YES	YES	YES	YES	YES	YES	YES
N	57	58	57	57	53	53	58	53
R-sq	0.443	0.424	0.409	0.535	0.829	0.818	0.424	0.813

注：(1) * 表示 p<0.10，在 10% 的水平下显著；** 表示 p<0.05，在 5% 的水平下显著；*** 表示 p<0.01，在 1% 的水平下显著。

(2) 括号内表示 t 值。

贷款新增的间接效应的置信区间为 ［-9.44，-3.57］，国债发行对住户贷款新增的间接效应的置信区间为 ［0.09，2.09］，不包含0 值，间接效应显著。其二，金融周期或信贷周期不同阶段的影响效果存在差异。如表 7-8 和 7-9 中国债发行对长期贷款和短期贷款的影响所示，2008 年金融危机后贷款周期下行，政府债务对贷款规模的负向影响叠加下行因素，其挤出效应更加突出，在控制内生性后，政府债务的影响变得更小。而如表 7-10 中国债发行对企业贷款的影响所示，2015 年后中国经济增长强劲，贷款周期上行，政府债务对贷款规模的负向影响叠加上行因素，其挤出效应变得不突出，在控制内生性后，政府债务的影响变得更大。其三，国债发行对不同贷款人贷款规模的影响存在显著差异，国债发行显著降低企业贷款规模，却显著增加住户贷款规模，这意味着国债发行对企业贷款的挤出效应更突出，对住户贷款反而存在挤入效应。

总体上看，政府存款的中介效应稳健，国债发行对不同类型贷款的影响不同。国债发行与长期贷款、短期贷款和企业贷款显著负相关，与住户贷款显著正相关。企业贷款对国债发行的敏感度最高，其次是住户贷款和长期贷款，敏感度最低的是短期贷款。

六　小结

本节分析了国债对商业银行贷款规模的影响。动态关系分析结果表明，国债发行的一个标准冲击将导致贷款新增出现显著下降—显著增加—显著下降的响应，该变化符合政府债券不同流程对商业银行贷款规模存在异质性影响的模型分析结果。对国债发行影响商业银行贷款的机制检验分析发现，政府存款是二者间关系的中介变量，国债发行规模越高，政府存款规模越高，商业银行贷款新增规模越低，符合本书对国库集中收付制度赋予政府债务货币调控能力的理论分析。国债发行对贷款新增的影响因贷款类型不同存在差异，国债发行对短期贷款、长期贷款和企业贷款呈显著负向影响，且对三者的影响程度逐渐增强，对企业贷款影响最大。国债发行对住户贷款呈显著正向影响，其影响程度小于企业贷款，大于长期贷款。

第二节 地方政府债券发行与商业银行 贷款规模的实证检验

本节对地方政府债券如何影响商业银行贷款规模进行实证检验。理论上，地方政府筹集的债券资金将全部纳入地方国库中，国库政府存款的增加降低了市场中的货币流通量。由于地方政府债券存在区域性影响，地方政府虽然在同一债券市场中发行，但地方政府债券的购买者大部分是本地商业银行，这使得地方政府债券发行拥有了对本地商业银行贷款规模的影响力。本节运用各省份每月地方政府债券发行数据对该影响进行检验。同时，通过汇总的地方政府债券数据对地方政府债券与商业银行贷款规模的理论机制和异质性影响进行检验。

一 计量模型设定和变量选择

（一） 面板 VAR 模型

借鉴 Love 和 Zicchino （2006） 构建面板 VAR 模型对地方债券净发行、省级财政收入增速、省级财政支出增速和商业银行贷款增速间的动态关系进行分析，本节构建的模型如公式 7.7 所示：

$$y_{i,t} = \alpha_0 + \sum_{j=1}^{k} \alpha_j y_{i,t-j} + \mu_i + \theta_t + \varepsilon_{i,t} \tag{7.7}$$

其中，t 代表月份，i 代表省份，j 代表模型的滞后阶数，$j = b2, \cdots k_1$。$y_{i,t}$ 为包含模型中所有变量的列向量，α_j 为滞后变量的系数矩阵，$y_{i,t-j}$ 为变量 $y_{i,t}$ 的 j 阶滞后项，μ_i 为无法观测到的个体效应，θ_t 为无法观测到的时间效应，α_0 为常数项，$\varepsilon_{i,t}$ 为随机扰动项。

地方债券净发行是指地方政府债券当期发行额与当期到期额的差值，常用于衡量在地方政府债券发行和偿付同时存在时，真正进入国库的货币量；商业银行贷款增速是指商业银行贷款余额相对于上一期的增长速度，商业银行贷款增速越高，意味着贷款规模增长越快；财政收入增速越高，意味着相对于上一期，更多资金纳入国库中；财政支出增速越高，意味着相对于上一期，更多资金从国库中流出。

（二）动态面板回归

考虑到商业银行贷款是一个动态过程，本期贷款余额会受到上期贷款余额的影响，因此将商业银行贷款的动态变化纳入模型中。通过动态面板回归，本节将上一期商业银行贷款规模作为解释变量，分析贷款规模的动态影响。构建的模型如公式 7.8 所示。

$$y_{i,t} = \omega + \sum_{p=1}^{Q} \beta_p\, y_{i,t-p} + \gamma\, issue_{i,t} + \delta\, X_{i,t} + \sigma_{i,t} \qquad (7.8)$$

其中，$y_{i,t}$ 为商业银行贷款余额，i 代表省份，t 代表月份，Q 为商业银行贷款余额的最大滞后阶数。$y_{i,t-p}$ 是 $y_{i,t}$ 的 p 阶滞后项，β_p 为滞后变量的系数矩阵。$issue_{i,t}$ 为每个省份地方政府债券发行规模。本节关注地方政府债券发行规模的系数 γ，如果 γ 显著为负，意味着地方政府债券的发行降低了商业银行贷款规模。$X_{i,t}$ 为控制变量，包括财政收入、财政支出、省份准备金①，δ 为控制变量的系数。ω 为常数项，$\sigma_{i,t}$ 为随机扰动项。

---

① 省份准备金通过各省份存款余额占当月全国存款余额的比例与当月全国存款准备金相乘计算得到。商业银行准备金越多，意味着其贷款能力越强，其创造存款货币的能力也越强。

（三）中介效应模型

国库集中收付制度的存在使地方政府债券拥有了对本省份商业银行贷款规模的影响力。借鉴温忠麟和叶宝娟（2014）的研究，本节运用中介效应模型对理论机制分析是否成立进行检验，验证政府债务是否通过对国库政府存款规模的影响，影响商业银行的存款准备金和贷款规模。构建的模型如公式7.9~7.12所示。

$$Credit_t = \alpha_0 + \alpha_1 LocalDebt_t + \alpha_2 X_t + year_t + \varepsilon_t \qquad (7.9)$$

$$Revenue_t = \beta_0 + \beta_1 Local Debt_t + \beta_2 X_t + year_t + \varepsilon_t \qquad (7.10)$$

$$Credit_t = \gamma_0 + \gamma_1 Revenue_t + \gamma_2 X_t + year_t + \varepsilon_t \qquad (7.11)$$

$$Credit_t = \rho_0 + \rho_1 Local Debt_t + \rho_2 Revenue_t + \rho_3 X_t + year_t + \varepsilon_t \quad (7.12)$$

其中，$Credit_t$ 为商业银行新增贷款规模，$LocalDebt_t$ 为所有省份月度债券发行规模，X_t 为控制变量，包含存款准备金、存款余额、外汇、中央银行基础货币净投放量等一系列变量，$year_t$ 为年度控制变量，α_0 为常数项，ε_t 为随机扰动项。公式7.9是地方政府债券发行与商业银行新增贷款规模关系的分析，用于检验地方政府债券发行如何影响商业银行新增贷款的变动方向和变动幅度。公式7.10和公式7.11为机制分析，$Revenue_t$ 为政府存款，β_0 和 γ_0 为常数项，ε_t 为随机扰动项。两式检验政府存款是否为地方政府债券发挥作用的机制路径，对从地方政府债券发行到政府存款，政府存款到新增贷款的路径进行分析。公式7.12将地方政府债券发行和政府存款同时加入方程中，进一步验证财政存款的作用和中介效应是否存在。第一步，如果 β_1 和 β_2 同时显著，则间接效应显著；如果只有一个显著，运用Bootstrap法进行检验，显著则间接效应显著。第二步，如果 ρ_1 不显著，则直接效应不显著，是完全中介效应；如果 ρ_1 显著，则直接效应显著，进行第三步。如

果 $\beta_1\rho_2$ 与 ρ_1 同号，则是部分中介效应；如果 $\beta_1\rho_2$ 与 ρ_1 异号，则是遮掩效应。

（四）稳健 OLS 回归

为了克服银行贷款减少导致政府债务增加的内生性问题，借鉴 De Bonis 和 Stacchini（2010）、程宇丹和龚六堂（2014）等的做法，本节采用新增贷款 5 期均值作为被解释变量，以降低贷款周期波动等因素带来的内生性问题。构建的模型如公式 7.13 所示：

$$\frac{1}{5}\sum_{t-2}^{t+2} Credit_t = \alpha_0 + \alpha_1 LocalDebt_t + \alpha_2 X_t + year_t + \varepsilon_t \quad (7.13)$$

其中，$\frac{1}{5}\sum_{t-2}^{t+2}Credit_t$ 为滞后一期、滞后二期、当期、提前一期和提前二期的算术平均值，其他变量含义与上文相同。

二 数据来源和变量描述

本节使用 2009～2019 年各省份月度数据进行面板 VAR 模型和动态面板模型的检验，运用 2009～2019 年汇总的月度地方政府债券发行数据进行理论机制分析和异质性检验。地方政府债券自 2009 年起开始由财政部代理发行，虽然此时的地方政府债券是由国家信用而不是地方政府信用背书，但债券资金的使用方和偿债资金的来源方均是地方政府。因此，本节以 2009 年作为地方政府债券存在的起点，分析地方政府债券对商业银行贷款规模的影响。对缺失的数据进行差值补缺。地方政府债券数据来自 Wind 数据库，财政收支、各省份存款余额和贷款余额数据来自中国经济网[①]，存款准备金数据来自中国人民银行网站[②]。表 7-12 展示了主要变量的描述性统计。

---

① https：//db. cei. cn/.
② http：//www. pbc. gov. cn/.

表 7-12 主要变量描述性统计

	变量名	Obs	均值	方差	最小值	最大值
省级面板数据	贷款余额（亿元）	4092	25470.400	23106.060	215.100	162378.400
	贷款增速（%）	4061	0.022	0.194	-0.901	5.773
	债券发行（亿元）	4092	59.430	145.809	0	1500.000
	债券净发行（亿元）	4092	51.592	141.706	-252.737	1500.000
	财政收入（亿元）	4092	1332.197	1506.103	2.220	12651.460
	财政收入增速（%）	3751	0.313	0.711	-0.393	16.667
	财政支出（亿元）	4092	2109.453	2026.925	13.600	17314.120
	财政支出增速（%）	3751	0.329	0.417	-0.814	5.713
	省份准备金（亿元）	4092	6010.489	5443.494	140.611	29492.620
全国月度数据	贷款新增（亿元）	132	9300.974	4831.794	2529.781	32289.500
	贷款新增 5 期均值（亿元）	130	9215.863	2936.246	3687.837	16284.850
	短期贷款新增（亿元）	132	2463.099	1989.970	-2208.625	7354.656
	短期贷款新增 5 期均值（亿元）	130	2452.329	1040.103	-127.2125	4500.616
	长期贷款新增（亿元）	132	6129.618	3742.293	860.000	25322.500
	长期贷款新增 5 期均值（亿元）	130	6077.158	2705.714	2097.775	12551.760
	住户贷款新增（亿元）①	59	5380.295	2124.065	-705.9375	9943.875
	住户贷款新增 5 期均值（亿元）	55	27269.130	5680.185	14803.050	34213.250
	企业贷款新增（亿元）	59	6244.498	4427.784	-25.5625	25747.750
	企业贷款新增 5 期均值（亿元）	55	31222.030	9844.673	10706.190	55193.630
	月债券发行（亿元）	130	1870.681	2694.086	0	10646.160
	政府存款（亿元）	131	31918.810	5995.448	15954.000	45422.420

---

① 由于中国人民银行自 2015 年起才单独公布存款类金融机构人民币信贷收支表，因此住户贷款和企业贷款仅为 2015 年至 2019 年数据。

续表

	变量名	Obs	均值	方差	最小值	最大值
全国月度数据	新增存款准备金（亿元）	130	923.887	7998.617	−32037.420	29484.700
	新增存款余额（亿元）	132	11080.170	12416.860	−19827.250	85415.750
	新增外汇（亿元）	130	484.865	2065.307	−7082.125	5417.766
	净投放量（亿元）	132	758.568	3788.790	−10250.000	18475.000

三　动态关系分析

（一）数据平稳性检验

数据的平稳性检验是进行后续回归分析的必要前提条件。本节选取 LLC 检验、ADF−Fisher 检验和 PP 检验进行动态面板平稳性检验。检验结果如表 7−13 所示，其中，"ln 贷款余额"表示对贷款余额取自然对数，"ln 省份准备金"表示对省份准备金取自然对数。从结果中可以看出，ln 贷款余额、贷款增速、债券发行、债券净发行、财政收入、财政收入增速、财政支出、财政支出增速和 ln 省份准备金均是 I（0）的平稳序列。

表 7−13　变量平稳性检验

变量名	LLC 检验		ADF−Fisher 检验		PP 检验	
	统计量	P 值	统计量	P 值	统计量	P 值
ln 贷款余额	−18.841	0.000	130.834	0.000	−19.834	0.000
贷款增速	−69.952	0.000	384.101	0.000	−65.080	0.000
债券发行	−42.424	0.000	383.807	0.000	−47.090	0.000
债券净发行	−37.796	0.000	339.151	0.000	−45.637	0.000
财政收入	−7.431	0.000	895.868	0.000	−34.996	0.000

变量名	LLC 检验		ADF-Fisher 检验		PP 检验	
	统计量	P 值	统计量	P 值	统计量	P 值
财政收入增速	−9.102	0.000	82.120	0.045	−3.519	0.000
财政支出	−7.723	0.000	768.420	0.000	−26.707	0.000
财政支出增速	−14.756	0.000	489.878	0.000	−21.949	0.000
ln 省份准备金	−32.066	0.000	223.125	0.000	−32.421	0.000

(二) 动态面板回归

本节首先对债券发行和贷款余额间的关系进行回归分析。"L1. ln 贷款余额"表示贷款余额自然对数的一阶滞后，"L2. ln 贷款余额"表示贷款余额自然对数的二阶滞后。表 7－14 中列 (1) 和列 (2) 是未控制个体效应和时间效应下的 OLS 回归结果，其中列 (2) 考虑了上一期贷款余额的影响。从结果中可以看出，未控制时间效应和个体效应时，地方政府债券和贷款余额间表现出显著的正相关，地方政府债券发行越多，商业银行贷款余额也越高，与前文理论预测不符。列 (3) 和列 (4) 采用固定效应面板回归，控制了个体效应和时间效应，其中，列 (4) 考虑了上一期贷款余额的影响。可以看出，在控制了不可观测的时间效应和个体效应后，债券发行越多，商业银行贷款余额越低，结果符合理论预测。同时，财政收入和财政支出的回归结果也符合理论预测，即财政收入越高，越多的资金会被纳入国库中，导致商业银行贷款余额降低；财政支出越高，越多的资金从国库中流出，导致商业银行贷款余额显著增加。同时，贷款余额的滞后项均显著为正，表明当期的商业银行贷款余额会受上两期贷款余额的影响。

表 7-14　基础回归结果

变量	ln 贷款余额			
	（1）	（2）	（3）	（4）
L1. ln 贷款余额		0.476 *** （7.79）		0.278 *** （5.92）
L2. ln 贷款余额		0.348 *** （5.93）		0.260 *** （5.38）
债券发行	0.000356 *** （13.68）	0.0000509 *** （4.21）	−0.0000711 * （−1.80）	−0.0000272 ** （−2.66）
ln 省份准备金	0.974 *** （99.12）	0.182 *** （7.11）	1.041 *** （7.09）	0.747 *** （17.97）
财政收入	−0.000107 *** （−14.62）	−0.0000220 *** （−5.28）	−0.0000404 *** （−3.76）	−0.0000144 ** （−2.24）
财政支出	0.0000983 *** （22.25）	0.0000161 *** （4.86）	0.0000285 *** （3.53）	0.00000742 （1.32）
_cons	1.567 *** （19.62）	0.209 *** （5.94）	1.074 （0.96）	−1.496 （−1.69）
个体效应	NO	NO	YES	YES
时间效应	NO	NO	YES	YES
N	4092	4030	4092	4030
R-sq	0.928	0.987	0.945	0.972

注：（1）＊表示 $p<0.10$，在 10% 的水平下显著；＊＊表示 $p<0.05$，在 5% 的水平下显著；＊＊＊表示 $p<0.01$，在 1% 的水平下显著。（2）括号内表示 t 值。

（三）面板 VAR 回归

面板 VAR 回归前要求判定最优滞后阶数。表 7-15 是面板 VAR 模型的滞后阶数判定表，报告了 AIC、HQIC 和 BIC 准则下的结果，＊代表最优滞后阶数。从表中可以看出，三个判定标准均确定最优滞后阶数为 1 阶。综合考虑模型拟合需求和格兰杰因果检验要求，本节选择 2 阶作为最优滞后阶数。

表 7-15　滞后阶数判定

滞后阶数	AIC	BIC	HQIC
1	15.367*	15.621*	15.458*
2	15.379	15.688	15.490
3	16.303	16.679	16.439
4	15.861	16.321	16.029
5	15.838	16.405	16.046

表 7-16 展示了面板 VAR 的估计结果。列（1）展示了债券净发行的影响因素，滞后二期财政收入增速和滞后一期贷款增速，均与债券净发行显著负相关。列（4）展示了贷款增速的影响因素，滞后一期和滞后两期债券净发行，均与贷款增速显著负相关，说明债券净发行越高，下一期贷款增速越低。

表 7-16　面板 VAR 估计结果

变量	（1） 债券净发行	（2） 财政收入增速	（3） 财政支出增速	（4） 贷款增速
L1. 债券净发行	0.051 (1.50)	-0.000*** (-2.98)	-0.000*** (-7.21)	-0.000*** (-5.09)
L1. 财政收入增速	-148.70 (-1.40)	0.323 (0.68)	-0.216 (-1.22)	-0.128* (-1.91)
L1. 财政支出增速	-11.14 (-1.27)	-0.053 (-1.00)	-0.325*** (-8.10)	-0.004 (-0.38)
L1. 贷款增速	-33.36* (-1.65)	0.058 (0.71)	0.090 (0.85)	-0.261*** (-6.59)
L2. 债券净发行	0.121*** (2.70)	-0.000*** (-2.68)	-0.000*** (-7.12)	-0.000*** (-3.88)
L2. 财政收入增速	-111.0*** (-3.05)	-0.023 (-0.15)	0.097 (0.92)	-0.052 (-1.58)

续表

变量	（1） 债券净发行	（2） 财政收入增速	（3） 财政支出增速	（4） 贷款增速
L2. 财政支出增速	6.454 （0.75）	-0.089 （-1.52）	-0.060 （-1.36）	0.006 （0.60）
L2. 贷款增速	-1.933 （-0.11）	-0.030 （-0.81）	0.011 （0.34）	-0.039 （-1.06）
N	3038	3038	3038	3038

注：（1）＊表示 $p<0.10$，在 10%的水平下显著；＊＊表示 $p<0.05$，在 5%的水平下显著；＊＊＊表示 $p<0.01$，在 1%的水平下显著。（2）括号内表示 t 值。

表 7-17 是面板 VAR 的格兰杰因果检验结果。表中第一行为解释变量，第一列为被解释变量，YES 表示存在格兰杰因果关系，NO 表示不存在格兰杰因果关系。从表中可以看出，债券净发行与财政收入增速互为格兰杰因果，债券净发行和财政收入增速是财政支出增速的格兰杰原因。债券净发行是贷款增速的格兰杰原因，贷款增速不是债券净发行的格兰杰原因，这就形成了从债券净发行到贷款增速的单向路径。

表 7-17　格兰杰因果检验

变量	债券净发行	财政收入增速	财政支出增速	贷款增速
债券净发行	—	YES	NO	NO
财政收入增速	YES	—	NO	NO
财政支出增速	YES	YES	—	NO
贷款增速	YES	NO	NO	—

为进一步分析各变量间的动态关系，本节进行脉冲响应分析。图 7-4 展示了面板 VAR 的脉冲响应图。图中第一行表示面对债券净发行冲击，债券净发行、财政收入增速、财政支出增速和贷款增速

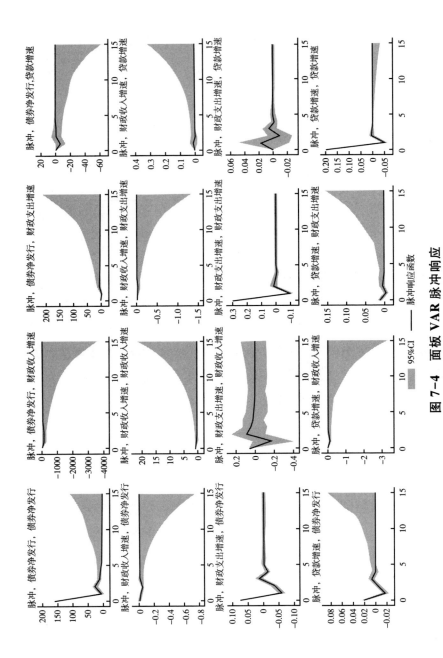

图 7-4 面板 VAR 脉冲响应

注：图中横轴为脉冲响应期数，纵轴为脉冲响应值。

的脉冲响应。第一列表示面对债券净发行冲击、财政收入增速冲击、财政支出增速冲击和贷款增速冲击时，债券净发行的脉冲响应。其他行列的表示类似。从图中可以看出①，债券净发行的冲击将在第 1 期导致贷款增速下降，这符合新市场财政学关于财政-央行"双主体"调控体系的论断，且面对债券净发行一个标准冲击时，贷款增速下降幅度达到 6.498，其 5% 和 95% 置信区间分别为 -0.251 和 -13.100，不包括 0 值，表明地方政府债券的影响效果显著。之后贷款增速逐渐上升至 0 线附近，债券发行的影响效果逐渐减弱，95% 置信区间穿过 0 线，影响效果逐渐不显著。

表 7-18 展示了贷款增速的方差分解结果。表中仅展示了 10 期内的方差分解结果，原因在于从第 4 期开始，各变量对贷款增速的影响保持稳定。从表中可以看出，贷款增速受自身因素的影响较大，在 76.2% ~ 97.5% 间变化。其次是财政收入增速，从第 3 期开始，财政收入增速能解释贷款增速方差中 22% 的部分。债券净发行的影响力度较小，从第 4 期开始为 1.5%，财政支出增速最小，从第 2 期开始为 0.3%。

表 7-18　贷款增速的方差分解

预测期数	贷款增速	债券净发行	财政收入增速	财政支出增速
1	0.975	0.011	0.010	0.004
2	0.781	0.014	0.202	0.003
3	0.763	0.014	0.220	0.003
4	0.762	0.015	0.220	0.003
5	0.762	0.015	0.220	0.003
6	0.762	0.015	0.220	0.003
7	0.762	0.015	0.220	0.003
8	0.762	0.015	0.220	0.003
9	0.762	0.015	0.220	0.003
10	0.762	0.015	0.220	0.003

---

① 根据本书的研究内容，重点分析地方政府债券净发行冲击对商业银行贷款增速波动性的影响。

四 机制检验

基准回归的分析表明，地方政府债券净发行在当期会导致贷款增速显著下降。本部分结合中介效应模型和稳健 OLS 回归，在未控制内生性和控制内生性情况下，对汇总的月度地方政府债券发行影响贷款新增的途径进行检验。表 7-19 是地方政府债券发行影响贷款新增的理论机制分析。列（1）至列（4）为未控制内生性的机制分析结果，列（5）至列（8）为运用贷款新增 5 期均值控制了内生性的机制分析结果。

列（1）为月债券发行与贷款新增的独立回归结果，结果显示，在未控制内生性影响时，地方政府债券发行与贷款新增的回归系数不显著，地方政府债券发行不会对商业银行贷款新增产生显著性的影响。列（5）报告了控制内生性影响的结果，发现地方政府债券发行显著负向影响贷款新增 5 期均值，地方政府债券发行每增加 1 个单位，贷款新增 5 期均值将减少 0.089 个单位。剔除内生性问题影响，可以更加真实地反映地方政府债券发行的作用，且该作用符合理论预期。与国债的结果相比，地方政府债券发行对贷款新增的影响相对较小，但同样显著。

列（6）和列（7）的结果表明，地方政府债券发行显著正向影响政府存款，政府存款显著负向影响贷款新增 5 期均值，证明了政府存款是地方政府债券影响商业银行贷款新增的机制路径。列（8）同时加入了月债券发行和政府存款，进一步检验了中介效应，结果表明月债券发行系数不显著，政府存款系数显著，政府存款发挥着完全中介的作用，中介效应显著。地方政府债券发行通过改变政府存款规模，实现对商业银行贷款规模的影响，这验证了前文的理论机制分析。

可见，在控制内生性后，地方政府债券发行与贷款新增存在显著负向相关关系。政府存款是地方政府债券发挥作用的机制路径，地

表7-19　地方政府债券发行影响贷款新增的机制分析

变量	未控制内生性					控制内生性		
	(1)	(2)	(3)	(4)	(5)	(6)	(7)	(8)
	贷款新增	政府存款	贷款新增	贷款新增	贷款新增5期均值	政府存款	贷款新增5期均值	贷款新增5期均值
月债券发行	-0.171	0.368**		-0.100	-0.0890*	0.368**		-0.0475
	(-0.95)	(2.32)		(-0.55)	(-1.75)	(2.32)		(-0.87)
政府存款	-0.115*		-0.218***	-0.193**			-0.124***	-0.109***
	(-1.70)		(-3.08)	(-2.56)			(-4.68)	(-3.89)
新增存款准备金		-0.128**	-0.148**	-0.140**	0.0012	-0.128**	-0.0143	-0.0122
		(-2.08)	(-2.19)	(-2.02)	(0.08)	(-2.08)	(-1.03)	(-0.90)
新增存款余额	0.185***	-0.0680	0.173***	0.172***	0.0286***	-0.0680	0.0215***	0.0210***
	(6.04)	(-1.50)	(6.21)	(6.06)	(3.60)	(-1.50)	(2.92)	(3.09)
新增外汇	-0.336	-0.00217	-0.377	-0.337	-0.215**	-0.00217	-0.248***	-0.216***
	(-0.89)	(-0.00)	(-0.99)	(-0.92)	(-2.54)	(-0.00)	(-3.07)	(-2.81)
净投放量	0.0322	0.157	0.0773	0.0626	-0.0542**	0.157	-0.0414	-0.0397
	(0.33)	(1.26)	(0.79)	(0.63)	(-2.06)	(1.26)	(-1.37)	(-1.43)
_cons	6036.4***	25362.4***	12138.4***	10926.4***	7511.7***	25362.4***	11124.4***	10272.8***
	(3.78)	(12.62)	(5.37)	(4.25)	(8.52)	(12.62)	(11.47)	(8.87)
时间效应	YES	YES	YES	YES	YES	YES	YES	YES
N	128	128	130	128	126	128	128	126
R-sq	0.529	0.373	0.561	0.558	0.823	0.373	0.839	0.850

注：(1) * 表示p<0.10，在10%的水平下显著；** 表示p<0.05，在5%的水平下显著；*** 表示p<0.01，在1%的水平下显著。
(2) 括号内表示t值。

方政府债券发行导致政府存款增加，政府存款增加导致商业银行贷款规模降低。

五 异质性分析

本节将商业银行贷款分为短期贷款和长期贷款、企业贷款和住户贷款，分析月度地方政府债券发行对不同类型商业银行贷款的异质性影响，并对政府存款的中介效应进行稳健性检验。

表 7-20 和表 7-21 分别是地方政府债券发行影响短期贷款和长期贷款的机制分析。其中，列（1）至列（4）为未控制内生性的机制分析结果，列（5）至列（8）为运用贷款新增 5 期均值控制了内生性后的机制分析结果。从表中可以得出以下三点结论。其一，控制内生性问题才能真正识别地方政府债券发行对商业银行贷款新增的影响。在剔除贷款周期波动等因素的影响后，地方政府债券发行对短期贷款新增的负向影响变得显著，对长期贷款新增的影响变小，显著性增加。地方政府债券发行每增加 1 个单位，短期贷款新增 5 期均值减少 0.0723 个单位，长期贷款新增 5 期均值减少 0.17 个单位。其二，地方政府债券发行通过政府存款影响短期贷款新增和长期贷款新增的中介效应仍然存在。其三，地方政府债券发行对短期贷款新增的影响效果同样低于长期贷款新增，地方政府债券支持地方项目的建设增加了对长期资金的需求，使得长期贷款对地方政府债券发行的反应更为明显，这符合理论假设和实践经验，也与国债对短期贷款和长期贷款的影响保持一致。

表 7-22 和表 7-23 分别是地方政府债券发行影响企业贷款和住户贷款的机制分析，从中可以得出以下三点结论。其一，政府存款仍是地方政府债券发行影响住户贷款的中介变量，但不是其影响企业贷款的中介变量。加入政府存款变量后，地方政府债券发行对企业贷款和住户贷款的影响和显著性程度均降低，或变得不显著。同时，

表 7-20　地方政府债券发行影响短期贷款的机制分析

变量	未控制内生性				控制内生性			
	(1) 短期贷款新增	(2) 政府存款	(3) 短期贷款新增	(4) 短期贷款新增	(5) 短期贷款新增5期均值	(6) 政府存款	(7) 短期贷款新增5期均值	(8) 短期贷款新增5期均值
月债券发行	-0.0219 (-0.23)	0.368** (2.32)		0.0213 (0.23)	-0.0846** (-2.57)	0.368** (2.32)		-0.0723** (-2.10)
政府存款			-0.117*** (-3.59)	-0.118*** (-3.33)			-0.0400*** (-2.70)	-0.0323** (-2.09)
新增存款准备金	0.0291 (1.35)	-0.128** (-2.08)	0.0114 (0.59)	0.0141 (0.70)	-0.00514 (-0.71)	-0.128** (-2.08)	-0.00939 (-1.31)	-0.00912 (-1.24)
新增贷款余额	0.0738*** (4.70)	-0.0680 (-1.50)	0.0659*** (4.80)	0.0658*** (4.76)	0.00165 (0.34)	-0.0680 (-1.50)	-0.000740 (-0.12)	-0.000604 (-0.11)
新增外汇	-0.156 (-0.82)	-0.00217 (-0.00)	-0.151 (-0.93)	-0.157 (-0.94)	-0.00228 (-0.03)	-0.00217 (-0.00)	-0.0214 (-0.31)	-0.00282 (-0.04)
净投放量	0.00185 (0.04)	0.157 (1.26)	0.0252 (0.58)	0.0203 (0.45)	-0.0143 (-0.72)	0.157 (1.26)	-0.0101 (-0.49)	-0.0100 (-0.51)
_cons	1145.4 (1.62)	25362.4*** (12.62)	4109.2*** (4.22)	4127.6*** (3.60)	1488.7 (4.49)	25362.4*** (12.62)	2623.2*** (6.08)	2308.3*** (4.74)
时间效应	YES	YES	YES	YES	YES	YES	YES	YES
N	128	128	130	128	126	128	128	126
R-sq	0.298	0.373	0.369	0.364	0.559	0.373	0.555	0.575

注：(1) * 表示 p<0.10，在10%的水平下显著；** 表示 p<0.05，在 5%的水平下显著；*** 表示 p<0.01，在 1%的水平下显著。

(2) 括号内表示 t 值。

表7-21 地方政府债券发行影响长期贷款的机制分析

变量	未控制内生性				控制内生性			
	(1) 长期贷款新增	(2) 政府存款	(3) 长期贷款新增	(4) 长期贷款新增	(5) 长期贷款新增5期均值	(6) 政府存款	(7) 长期贷款新增5期均值	(8) 长期贷款新增5期均值
月债券发行	-0.325** (-2.59)	0.368** (2.32)		-0.263** (-2.13)	-0.199*** (-3.81)	0.368** (2.32)		-0.170*** (-3.15)
政府存款			-0.172*** (-3.04)	-0.168*** (-2.78)			-0.0769*** (-3.06)	-0.0754*** (-3.00)
新增存款准备金	-0.130** (-2.11)	-0.128** (-2.08)	-0.146** (-2.27)	-0.151** (-2.33)	0.00677 (0.48)	-0.128** (-2.08)	0.000493 (0.03)	-0.00255 (-0.18)
新增存款余额	0.0674*** (3.22)	-0.0680 (-1.50)	0.0539*** (2.77)	0.0560*** (3.03)	0.0137*** (2.70)	-0.0680 (-1.50)	0.00726 (0.95)	0.00846 (1.61)
新增外汇	-0.193 (-0.92)	-0.00217 (-0.00)	-0.212 (-0.97)	-0.193 (-0.99)	-0.140* (-1.88)	-0.00217 (-0.00)	-0.155** (-2.38)	-0.142** (-2.09)
净投放量	-0.0256 (-0.36)	0.157 (1.26)	0.0108 (0.16)	0.000848 (0.01)	-0.0277 (-0.94)	0.157 (1.26)	-0.0167 (-0.54)	-0.0177 (-0.63)
_cons	5774.1*** (7.87)	25362.4*** (12.62)	9622.7*** (5.71)	10036.2*** (5.47)	6305.8*** (21.44)	25362.4*** (12.62)	7920.0*** (10.40)	8222.4*** (11.52)
时间效应	YES	YES	YES	YES	YES	YES	YES	YES
N	128	128	130	128	126	128	128	126
R-sq	0.565	0.373	0.578	0.602	0.848	0.373	0.840	0.863

注：（1）* 表示 $p<0.10$，在10%的水平下显著；** 表示 $p<0.05$，在5%的水平下显著；*** 表示 $p<0.01$，在1%的水平下显著。
（2）括号内表示 t 值。

表 7-22　地方政府债券发行影响企业贷款的机制分析

变量	未控制内生性					控制内生性		
	(1) 企业贷款新增	(2) 政府存款	(3) 企业贷款新增	(4) 企业贷款新增	(5) 企业贷款新增5期均值	(6) 政府存款	(7) 企业贷款新增5期均值	(8) 企业贷款新增5期均值
月债券发行	-0.397*** (-2.75)	0.237 (1.58)		-0.294** (-2.01)	-0.942** (-2.31)	0.237 (1.58)		-0.673 (-1.53)
政府存款			-0.407*** (-3.67)	-0.357*** (-3.20)			-0.976*** (-3.79)	-0.865*** (-2.99)
新增存款准备金	-0.114* (-1.71)	-0.179** (-2.60)	-0.180*** (-3.10)	-0.177*** (-3.09)	0.0579 (0.42)	-0.179** (-2.60)	-0.119 (-0.96)	-0.0961 (-0.82)
新增存款余额	0.251*** (4.27)	0.00341 (0.10)	0.224*** (4.02)	0.237*** (4.44)	0.263** (2.42)	0.00341 (0.10)	0.193* (1.87)	0.221** (2.29)
新增外汇	-1.116** (-2.38)	0.472 (1.13)	-1.103* (-1.89)	-0.967* (-1.87)	-2.325*** (-3.04)	0.472 (1.13)	-2.361*** (-2.85)	-1.968** (-2.44)
净投放量	-0.282*** (-3.97)	0.141 (1.32)	-0.225*** (-2.99)	-0.236*** (-3.49)	-0.414* (-1.78)	0.141 (1.32)	-0.330 (-1.29)	-0.332 (-1.44)
_cons	2270.0 (1.03)	32783.7*** (29.18)	14439.4*** (3.11)	13962.2*** (3.20)	27011.9*** (8.03)	32783.7*** (29.18)	55735.2*** (5.91)	55469.9*** (5.82)
时间效应	YES	YES	YES	YES	YES	YES	YES	YES
N	57	58	57	57	53	58	53	53
R-sq	0.497	0.322	0.553	0.581	0.353	0.322	0.429	0.452

注：（1）* 表示 $p<0.10$，在 10% 的水平下显著；** 表示 $p<0.05$，在 5% 的水平下显著；*** 表示 $p<0.01$，在 1% 的水平下显著。

（2）括号内表示 t 值。

表 7-23 地方政府债券发行影响住户贷款的机制分析

变量	未控制内生性				控制内生性			
	(1) 住户贷款新增	(2) 政府存款	(3) 住户贷款新增	(4) 住户贷款新增	(5) 住户贷款新增 5 期均值	(6) 政府存款	(7) 住户贷款新增 5 期均值	(8) 住户贷款新增 5 期均值
月债券发行	0.169** (2.59)	0.237 (1.58)		0.207*** (3.19)	0.411*** (3.29)	0.237 (1.58)		0.338** (2.58)
政府存款			-0.0962* (-1.89)	-0.131*** (-2.71)			0.292** (2.64)	0.236** (2.11)
新增存款准备金	-0.0219 (-0.92)	-0.179** (-2.60)	-0.0431* (-1.76)	-0.0451* (-1.93)	-0.00970 (-0.29)	-0.179** (-2.60)	0.0435 (1.00)	0.0323 (0.76)
新增存款余额	0.0693*** (3.63)	0.00341 (0.10)	0.0732*** (3.71)	0.0642*** (3.59)	-0.0299 (-0.82)	0.00341 (0.10)	-0.00434 (-0.10)	-0.0182 (-0.49)
新增外汇	-0.242 (-1.60)	0.472 (1.13)	-0.0914 (-0.60)	-0.187 (-1.04)	0.0676 (0.19)	0.472 (1.13)	0.167 (0.37)	-0.0297 (-0.08)
净投放量	0.109 (1.68)	0.141 (1.32)	0.118 (1.64)	0.126* (1.83)	0.133 (1.60)	0.141 (1.32)	0.109 (1.25)	0.111 (1.45)
_cons	984.3* (1.68)	32783.7*** (29.18)	4954.1*** (2.75)	5290.3*** (3.17)	15089.0*** (14.06)	32783.7*** (29.18)	7199.8* (1.74)	7332.8* (1.90)
时间效应	YES	YES	YES	YES	YES	YES	YES	YES
N	57	58	57	57	53	58	53	53
R-sq	0.435	0.322	0.409	0.478	0.816	0.322	0.813	0.837

注:(1) * 表示 $p<0.10$,在 10% 的水平下显著;** 表示 $p<0.05$,在 5% 的水平下显著;*** 表示 $p<0.01$,在 1% 的水平下显著。(2) 括号内表示 t 值。(3) 由于自 2015 年起才公布企业贷款和住户贷款数据,因此数据为 2015—2019 年的月度数据。

债券发行对政府存款的影响系数不显著，根据温忠麟和叶宝娟（2014）的研究，运用 Bootstrap 法检验，债券发行对企业贷款 5 期均值间接效应的置信区间为 [-1.59, 0.25]，包含 0 值，说明间接效应不显著，即政府存款不是地方政府债券影响企业贷款的中介变量。债券发行对住户贷款 5 期均值间接效应的置信区间为 [0.08, 0.59]，不包含 0 值，说明间接效应显著。其二，在控制了内生性后，地方政府债券发行对企业贷款和住户贷款的影响程度更高。如前所述，贷款周期上行因素使得挤出效应变得不突出，在控制内生性后，地方政府债务的影响变得更大。同时，新《中华人民共和国预算法》的颁布赋予了地方政府发行地方政府债券的权力，极大地促进了地方政府债券发行数量和发行规模的上升。通过地方政府债券能够筹集资金，这使得地方政府对商业银行贷款的需求降低，从而降低了贷款新增规模。其三，地方政府债券发行对不同贷款人贷款规模的影响存在显著差异，地方政府债券发行对企业贷款存在挤出效应，但对住户贷款存在挤入效应。

总体来看，政府存款的中介效应在长期贷款、短期贷款和住户贷款中保持稳健，但在企业贷款层面不明显。在控制内生性的影响后，地方政府债券发行与长期贷款、短期贷款和企业贷款显著负相关，和住户贷款显著正相关。企业贷款对地方政府债券发行的敏感度最高，其次是住户贷款和长期贷款，敏感度最低的是短期贷款，这与国债对贷款新增的影响方向保持一致，但影响效果小于国债。

六　小结

本节分析了地方政府债券对商业银行贷款规模的影响。动态面板回归和面板 VAR 回归结果表明，地方政府债券发行对商业银行贷款规模有显著的负向影响，对债券净发行的冲击会导致贷款增速显著下降。控制内生性后，地方政府债券发行显著负向影响商业银行贷款新增。财政存款作为二者间关系的中介变量，除对企业贷款的影响外，在其他类型贷款的回归中保持稳健。地方政府债券发行通过影响政府存款规模，进而影响商业银行贷款规模。地方政府债券发行对贷款新增的影响因贷款类型不同存在差异。地方政府债券发行显著负向影响短期贷款新增、长期贷款新增和企业贷款新增，对企业贷款新增的影响最大。地方政府债券显著正向影响住户贷款新增，其影响程度小于企业贷款新增，大于长期贷款新增。与国债相比，地方政府债券与商业银行贷款新增的关系受到内生性的影响更大，对各类贷款的影响方向保持一致但影响程度更小。

第八章 政府债务发行影响商业银行贷款规模的实证检验——利率渠道

第一节 国债发行与商业银行贷款规模的实证检验

本节对国债如何通过利率渠道影响商业银行贷款规模进行分析。国债发行规模的大小会改变市场中的资金供求情况，从而影响市场利率水平；国债发行利率的高低，反映政府筹资成本的高低，也会直接影响市场利率水平。利率水平的改变导致市场融资成本改变，进而影响了商业银行贷款规模。在利率市场化不断推进的背景下，本节选取银行间同业拆借利率作为价格型货币政策工具的代表变量，基于国债发行规模和发行利率对银行间同业拆借利率的影响，分析国债发行如何通过利率渠道影响商业银行贷款规模。

一 计量模型设定和变量选择

为了判断国债发行对市场资金供求和资金成本的影响，是否能及时传递至商业银行贷款，本节通过检验国债发行金额、发行利率与发行当日的银行间同业拆借利率的关系来加以验证。基于此，本节构建的模型如公式 8.1 所示。

$$Shibor_i = \beta_0 + \beta_1 Rate_i + \beta_2 Cash_i + \beta_3 X_i + \varepsilon_i \qquad (8.1)$$

其中，$i = 1, \cdots, N$，表示发行的每一只国债个体；$Shibor_i$ 表示

国债 i 发行当日的银行间同业拆借利率；$Rate_i$ 表示国债 i 发行时的票面利率；$Cash_i$ 表示国债 i 的发行规模；X_i 为控制变量。β_0 为常数项，ε_i 为随机扰动项。本节关注模型中发行利率的估计系数，β_1 衡量国债发行利率对当日 Shibor 的影响效果，若符号显著为正，意味着国债发行利率越高，Shibor 越高，国债发行通过对债券市场资金成本的改变，影响商业银行贷款规模。同时，本节关注模型中发行规模的估计系数 β_2，衡量国债发行规模对当日 Shibor 的影响效果，若符号显著为正，意味着国债发行规模越大，Shibor 越高，国债发行通过对市场中资金需求的改变，影响商业银行贷款规模。

本节将银行间同业拆借利率作为价格型货币政策工具的代理变量。随着利率市场化改革的推进，货币政策利率对银行贷款的传导效率逐步提升（王兆东，2020；刘红忠，2019）。已有研究多选用 Shibor 作为价格型货币政策工具的代表，Shibor 增加会提高融资和借贷成本，商业银行在高资金成本的基础上，将通过提高贷款利率（李双建和田国强，2020）或者减少贷款新增规模的方式应对（吴吉林等，2010；李涛和刘明宇，2012）。

控制变量主要从债务指标、财政指标、货币市场指标三个层面入手。债务指标包括国债发行期限、是否为短期国债、是否为记账式国债。财政指标包括一般公共预算收支和国库财政存款。货币市场指标包括数量型指标和利率型指标，其中，数量型指标为上月储备资产（用于衡量商业银行上月法定存款准备金和库存现金的规模）、上月贷款余额（用于衡量商业银行上月贷款存量）、净投放量（用于衡量中央银行公开市场操作带来的资金回笼和投放情况），利率型指标为活期存款利率，是金融市场中重要的基础利率。

国债收益率作为市场基准利率之一，会影响国债发行利率定价和其他市场利率，因此将国债收益率纳入回归方程，可以探寻加入国债收益率的影响后，国债发行利率对 Shibor 的影响。构建的模型如公式 8.2 所示，其中，$Treasury_i$ 代表国债收益率。

$$Shibor_i = \beta_0 + \beta_1 Rate_i + \beta_3 Cash_i + \beta_4 X_i + \beta_5 Treasury_i + \varepsilon_i \qquad (8.2)$$

二 数据来源和变量描述

本节使用 2006~2019 年共 1275 只国债的发行横截面数据作为研究样本。国债发行数据包含每一只国债的债券代码、发行日期、发行规模、发行利率、发行价格、息票品种、付息频率等信息。银行间同业拆借利率包括隔夜利率、隔夜 5 日均值、7 天利率、1 月利率和 3 月利率等。数据清理过程中，银行间同业拆借利率、央行净投放量、基准利率以发行当日为基础进行匹配，一般公共预算收支、国库存款、上月储备资产、上月贷款余额以发行当月为基础进行匹配，国债收益率以发行当日和发行期限为基础进行匹配。

国债数据和央行公开市场操作数据来自 Wind 数据库，银行间同业拆借利率来自 Shibor 上海银行间同业拆放利率网[1]，一般公共预算收支数据来自中国经济网[2]，国库存款、贷款余额、法定存款准备金率和活期存款利率来自中国人民银行网站[3]，国债收益率来自中国债券信息网[4]。表 8-1 展示了主要变量的描述性统计。

表 8-1 主要变量描述性统计

变量	Obs	均值	方差	最小值	最大值
隔夜利率(%)	1250	2.304	0.745	0.801	7.761
隔夜 5 日均值(%)	1250	2.295	0.717	0.802	7.805
7 天利率(%)	1250	2.740	0.815	0.918	8.835
1 月利率(%)	1250	3.367	1.044	1.013	8.126

---

[1] http：//www.shibor.org/.

[2] https：//db.cei.cn/.

[3] http：//www.pbc.gov.cn/.

[4] https：//www.chinabond.com.cn/.

变量	Obs	均值	方差	最小值	最大值
3月利率(%)	1250	3.568	1.056	1.206	6.333
发行利率(%)	1275	3.304	0.986	0.818	6.340
发行期限(年)	1275	5.653	8.689	0.249	50.000
是否短期(一年以下=1)	1275	0.271	0.445	0	1
是否记账国债(记账国债=1)	1275	0.540	0.499	0	1
发行金额(亿元)	1275	226.490	103.356	20.000	505.800
上月国债余额(亿元)	1275	87412.960	33788.830	34122.570	147825.300
政府存款(亿元)	1275	32159.600	6715.020	9000.200	45422.420
上月贷款余额(亿元)	1275	960602.400	409359.000	211864.600	1621767.000
上月储备资产(亿元)	1275	190814.700	59461.650	36737.350	256108.100
净投放量(亿元)	1275	25.480	791.740	-6630.000	5600.000
活期存款利率(%)	1275	0.392	0.107	0.350	0.810
国债收益率(%)	1275	3.040	0.731	0.829	5.157
一般公共预算收入(亿元)	1275	83532.240	47572.110	6405.580	190382.000
一般公共预算支出(亿元)	1275	84958.750	58105.340	3465.800	238874.000

三 实证结果分析

(一) 基础回归结果

图 8-1 展示了国债发行利率和 Shibor 隔夜利率的情况。横轴代表国债发行利率，纵轴代表 Shibor 隔夜利率，散点表示二者间的关系。从图中可以看出，散点整体集中但局部分散，国债发行利率集中在 2%~4% 之间，均值为 3.30%，Shibor 隔夜利率集中在 1%~3%

之间，均值为 2.30%；散点分散特征明显，国债发行利率最低为
0.82%，最高为 6.34% 左右，Shibor 隔夜利率最低为 0.80%，最高为
7.76%。整体上看，国债发行利率和 Shibor 隔夜利率间呈现出正相
关关系。

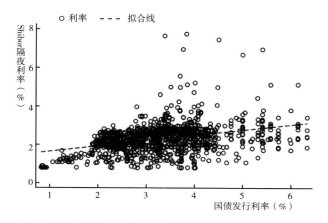

图 8-1　国债发行利率与 Shibor 隔夜利率散点

　　表 8-2 展示了国债发行利率、发行金额和 Shibor 隔夜利率关系
的估计结果。列（1）为仅控制债券自身特征时，国债发行利率与
Shibor 隔夜利率的关系。国债发行和 Shibor 隔夜利率存在显著正向
关系，国债发行利率每增加 1%，Shibor 隔夜利率增加 0.539%。发
行期限和 Shibor 隔夜利率呈显著负向影响、是否短期和 Shibor 隔夜
利率呈显著正向影响，意味着短期债券比长期债券发行更易导致
Shibor 隔夜利率增加，发行期限的增加反而拉低了 Shibor 隔夜利率。
是否记账国债和 Shibor 隔夜利率存在显著正向影响，意味着相比非
流通国债，流通国债发行对 Shibor 隔夜利率的影响更显著。
　　列（2）加入了国债发行金额和上月国债余额。其他变量的系数
和显著性并未发生实质性改变。上月国债余额与 Shibor 隔夜利率呈
显著正向关系，说明上月国债余额越高，当前市场中可流通的资金
量越少，资金的价格也就越高。国债发行金额与 Shibor 隔夜利率呈

表 8-2　国债发行利率、发行金额对 Shibor 隔夜利率的影响

变量	隔夜利率				
	（1）	（2）	（3）	（4）	（5）
发行利率	0.539***	0.544***	0.480***	0.521***	0.311***
	（18.65）	（20.06）	（18.05）	（20.21）	（8.56）
发行金额		−0.000***	−0.000***	−0.000***	−0.000
		（−3.14）	（−3.09）	（−3.31）	（−0.44）
上月国债余额		0.000***	0.000***	0.000**	0.000***
		（7.03）	（9.03）	（2.56）	（5.95）
发行期限	−0.015***	−0.015***	−0.014***	−0.015***	−0.007**
	（−4.86）	（−5.05）	（−4.92）	（−5.24）	（−2.25）
是否短期	0.902***	0.792***	0.725***	0.777***	0.469***
	（12.10）	（10.45）	（9.96）	（10.63）	（5.77）
是否记账国债	0.744***	0.840***	0.797***	0.836***	0.427***
	（11.47）	（12.25）	（11.93）	（12.51）	（5.57）
一般公共预算收入			0.000***		
			（7.82）		
一般公共预算支出			−0.000***		
			（−7.75）		
政府存款				0.000***	0.000***
				（5.71）	（5.29）
上月储备资产					0.000***
					（11.08）
上月贷款余额					−0.000***
					（−6.55）
净投放量					0.000***
					（3.37）
活期存款利率					1.559***
					（4.84）
_cons	−0.0473	−0.219*	−0.534***	−0.591***	−1.766***
	（−0.37）	（−1.75）	（−4.23）	（−4.17）	（−9.78）
N	1250	1250	1250	1250	1250
R-sq	0.238	0.265	0.305	0.282	0.343

注：（1）＊表示 $p<0.10$，在 10%的水平下显著；＊＊表示 $p<0.05$，在 5%的水平下显著；＊＊＊表示 $p<0.01$，在 1%的水平下显著。（2）括号内表示 t 值。

显著负向关系，可能原因在于当政府发行国债时，中央银行为了对冲国债发行带来的货币量的减少，进行了公开市场操作，从而增加了货币流通量，使 Shibor 隔夜利率降低（李俊生等，2020）。但该影响在后文的检验中并不稳健，说明当期国债发行金额对资金价格的直接影响路径存在不确定性。

列（3）加入了财政收支指标。发行利率、发行金额和上月国债余额对 Shibor 隔夜利率的影响保持显著。一般公共预算收入与 Shibor 隔夜利率正相关，一般公共预算支出与 Shibor 隔夜利率负相关，表明资金流入和流出国库改变了市场中的资金量，从而影响了 Shibor 隔夜利率。列（4）单独控制了政府存款变量，发现政府存款增加，导致流通中的货币减少，进而提升了 Shibor 隔夜利率，该结果符合新市场财政学对财政-央行"双主体"货币调控机制的论证（李俊生等，2020）。

例（5）加入了货币市场指标。发行利率和上月国债余额仍然显著正向影响 Shibor 隔夜利率，但国债发行金额变得不显著。其他控制变量的影响符合理论预期。上月储备资产越多，意味着有越多的资金并未进入流通领域，市场中货币流通量越少，Shibor 隔夜利率越高。上月贷款余额越多，意味着商业银行发放贷款意愿和能力较强，反映了市场中货币流通量充足，Shibor 隔夜利率降低。央行公开市场操作不仅会对债券市场利率产生影响，还会影响银行融资成本和可贷资金数量（徐明东和陈学彬，2011），具体表现为当市场中流动性缺乏时，央行向市场中投入资金；当市场中流通性充足时，央行从市场中收回资金。这意味着央行资金投入的当期，市场中流动性不足，Shibor 隔夜利率就会增加。活期存款利率越高，商业银行获得存款资金的成本越高，Shibor 隔夜利率也越高。

综合来看，国债发行利率对 Shibor 隔夜利率的正向影响显著，发行利率每增加 1%，Shibor 隔夜利率增加 0.31-0.54%。上月国债发行余额越高，Shibor 隔夜利率越高。

为验证结果的稳健性，表8-3将Shibor隔夜利率替换为隔夜5日均值利率、7天利率、1月利率和3月利率。可以看出，发行利率仍然显著正向影响Shibor，且Shibor利率对应的资金期限越长，发行利率的系数越高，隔夜5日均值利率对应的发行利率系数为0.313，而3月利率对应的发行利率系数为0.570，国债发行利率对相对长期资金的影响力更大（如图8-2所示）。上月国债余额与Shibor各期限利率显著正相关，发行金额与Shibor各期限利率的系数不显著。与基准回归结果保持一致，展示出模型具有一定的稳健性。

表8-3　国债发行利率、发行金额对Shibor各期限利率的影响

变量	(1) 隔夜5日均值利率	(2) 7天利率	(3) 1月利率	(4) 3月利率
发行利率	0.313*** (8.87)	0.393*** (10.46)	0.532*** (12.30)	0.570*** (16.89)
发行金额	0.000 (0.11)	−0.000 (−1.39)	−0.000 (−1.52)	−0.000 (−0.85)
上月国债余额	0.000*** (6.43)	0.000*** (3.35)	0.000*** (10.92)	0.000*** (13.33)
发行期限	−0.007*** (−3.18)	−0.010*** (−3.08)	−0.015*** (−5.25)	−0.018*** (−7.29)
是否短期	0.480*** (6.07)	0.569*** (6.64)	0.786*** (7.87)	0.831*** (9.78)
是否记账国债	0.401*** (5.24)	0.591*** (7.44)	0.759*** (7.92)	0.703*** (9.14)
政府存款	0.000*** (5.35)	0.000*** (6.13)	0.000 (0.88)	0.000* (1.77)
上月储备资产	0.000*** (11.81)	0.000*** (10.92)	0.000*** (20.39)	0.000*** (26.42)
上月贷款余额	−0.000*** (−7.07)	−0.000*** (−4.43)	−0.000*** (−12.39)	−0.000*** (−15.37)
净投放量	0.0007* (1.82)	0.000 (1.28)	−0.000 (−0.34)	−0.000 (−1.17)
活期存款利率	1.454*** (5.16)	2.283*** (6.17)	1.927*** (4.99)	3.229*** (11.61)

续表

变量	（1） 隔夜 5 日均值利率	（2） 7 天利率	（3） 1 月利率	（4） 3 月利率
_cons	-1.771*** （-10.62）	-1.842*** （-8.29）	-3.024*** （-12.31）	-3.929*** （-20.27）
N	1250	1250	1250	1250
R-sq	0.374	0.422	0.597	0.735

注：（1）＊表示 p<0.10，在 10%的水平下显著；＊＊表示 p<0.05，在 5%的水平下显著；＊＊＊表示 p<0.01，在 1%的水平下显著。（2）括号内表示 t 值。

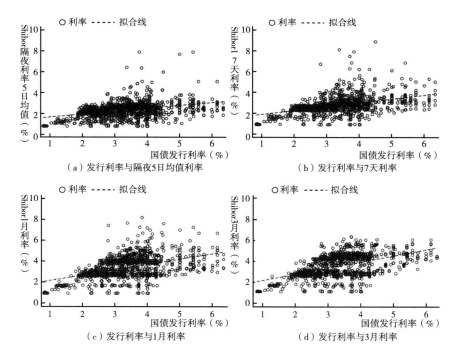

图 8-2　国债发行利率与 Shibor 各期限利率散点

　　综合来看，国债发行利率、发行金融与 Shibor 隔夜利率显著正相关，国债发行利率越高、上月国债余额越大，Shibor 隔夜利率也越高。同时，随着 Shibor 利率对应的期限的增加，国债发行利率的影响越来越大，上月国债余额也保持显著正向影响，说明了回归结果的稳健性。

（二）国债收益率的作用

国债收益率曲线是以国债市场利率为基础编制的曲线，国债发行和国债流通对国债收益率曲线的编制和完善起到了重要的作用。从图8-3可以看出，国债发行利率和国债收益率曲线整体上呈现出1∶1的关系，但拟合线的斜率比45°线更加平缓，部分样本的国债发行利率高于国债收益率曲线。国债发行利率和国债收益率间的相互关系表明，国债收益率是研究国债发行利率对其他利率影响中不可忽视的因素。图8-4展示了国债收益率与Shibor隔夜利率间的关系。相对于国债发行利率，国债收益率与Shibor隔夜利率的散点图样本更加集中，二者间存在明显的正相关关系。

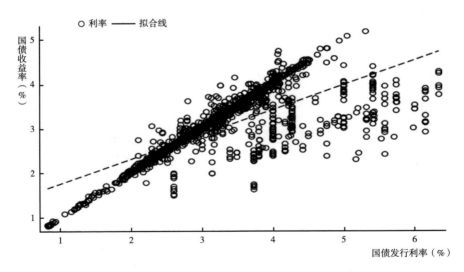

图 8-3　国债发行利率与国债收益率散点

表8-4在基础回归中加入了国债收益率，探究了在控制国债收益率后国债发行利率与Shibor各期限利率的关系。列（1）在表

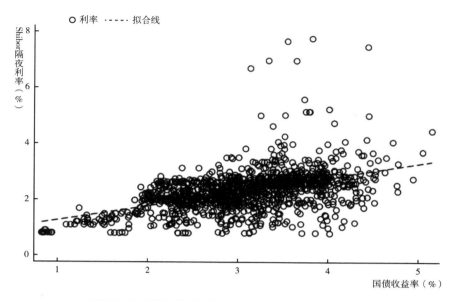

图 8-4 国债收益率与 Shibor 隔夜利率散点

8-2 基础回归列（5）的基础上加入了国债收益率，结果显示国债发行利率对 Shibor 隔夜利率的影响不显著，且国债收益率对 Shibor 隔夜利率有正向显著的影响。这意味着国债发行利率是通过对国债收益率的影响，进而改变了 Shibor 隔夜利率。国债发行金额和上月国债余额的显著性和影响方向，与基础回归结果保持一致。国债是否为记账式的影响变为不显著，可能的原因在于记账式国债越多，意味着在二级市场上流通的国债越多，与国债收益率曲线的联系越密切。

列（2）至列（5）将 Shibor 隔夜利率替换为隔夜 5 日均值利率、7 天利率、1 月利率、3 月利率，结果表明，国债收益率对 Shibor 各期限利率的影响保持正向显著，且国债收益率对 1 月利率和 3 月利率等长期资金利率的影响系数明显大于隔夜利率和 7 天利率等短期资金利率。值得注意的是，除了 1 月利率外，国债发行利率的影响均不显著，且国债发行利率对 1 月利率有负向显著影响，这与基础回归中的结果相反，可能的原因在于国债收益率对 1 月利率的正向影响系数远高于其他资金期限，带动发行利率呈现负向显著关系，但该影响仅在 10% 水平上显著。除 7 天利率，上月国债余额对 Shibor 各期限利率的影响保持正向显著。

表 8-4 国债发行利率、发行金额对 Shibor 各期限利率的
影响：加入国债收益率

变量	（1）隔夜利率	（2）隔夜 5 日均值利率	（3）7 天利率	（4）1 月利率	（5）3 月利率
发行利率	0.007 (0.13)	0.029 (0.55)	0.093 (1.60)	-0.106* (-1.80)	0.034 (0.70)
发行金额	-0.000 (-0.33)	0.000 (0.23)	-0.000 (-1.33)	-0.000 (-1.49)	-0.000 (-0.70)
上月国债余额	0.000*** (3.63)	0.000*** (4.12)	0.000 (1.10)	0.000*** (7.81)	0.000*** (10.07)
国债收益率	0.456*** (7.98)	0.426*** (7.80)	0.450*** (7.05)	0.956*** (14.43)	0.804*** (14.35)
发行期限	-0.011*** (-3.75)	-0.012*** (-4.87)	-0.014*** (-4.54)	-0.025*** (-8.44)	-0.026*** (-10.16)
是否短期	0.148* (1.77)	0.180** (2.16)	0.252*** (2.73)	0.113 (1.20)	0.265*** (3.42)
是否记账国债	-0.005 (-0.07)	-0.002 (-0.03)	0.164* (1.91)	-0.147 (-1.58)	-0.0585 (-0.72)
政府存款	0.000*** (5.24)	0.000*** (5.34)	0.000*** (6.12)	0.000 (0.40)	0.000 (1.36)
上月储备资产	0.0000*** (8.19)	0.000*** (8.90)	0.000*** (8.17)	0.000*** (16.54)	0.000*** (22.31)
上月贷款余额	-0.000*** (-4.24)	-0.000*** (-4.75)	-0.000** (-2.22)	-0.000*** (-9.49)	-0.000*** (-12.24)
净投放量	0.000*** (3.75)	0.000** (2.07)	0.000 (1.42)	-0.000 (-0.16)	-0.000 (-1.16)
活期存款利率	1.610*** (5.00)	1.502*** (5.30)	2.334*** (6.32)	2.034*** (5.50)	3.319*** (11.89)

续表

变量	（1）隔夜利率	（2）隔夜5日均值利率	（3）7天利率	（4）1月利率	（5）3月利率
_cons	−1.363*** （−7.30）	−1.395*** （−8.13）	−1.444*** （−6.38）	−2.179*** （−8.82）	−3.219*** （−16.06）
N	1250	1250	1250	1250	1250
R−sq	0.377	0.401	0.445	0.660	0.779

注：（1）* 表示 $p<0.10$，在 10% 的水平下显著；** 表示 $p<0.05$，在 5% 的水平下显著；*** 表示 $p<0.01$，在 1% 的水平下显著。（2）括号内表示 t 值。

总的来看，国债收益率发挥了重要的作用。国债收益率的加入，使得国债发行利率对 Shibor 各期限利率的影响整体上不显著，国债发行利率通过对国债收益率的影响，改变了 Shibor 各期限利率。同时，上月国债余额仍然保持正向显著的影响。

四　小结

本节对国债如何影响商业银行贷款规模进行检验。用银行间同业拆借利率作为价格型货币政策工具的代理变量，分析国债发行规模和发行利率对 Shibor 各期限利率的影响，在市场利率与商业银行贷款规模负向相关的基础上，探析国债发行对商业银行贷款规模的影响。结论显示，国债发行利率与 Shibor 各期限利率呈现显著正相关。且随着资金期限的增加，国债发行利率系数变大，对 Shibor 利率的影响越大。Shibor 各期限利率的增大将导致商业银行贷款规模的减少，使得国债发行利率可以通过 Shibor 渠道影响商业银行贷款规模。

随着财政指标和货币指标等控制变量的不断加入，国债发行金额对 Shibor 隔夜利率的影响变得不显著，上月国债余额仍然保持显著正向影响。上月国债余额越高，Shibor 各期限利率越高，商业银行贷款规模越低。国债发行规模越大，纳入国库的资金规模越大，市场中流通资金规模的减少将导致 Shibor 各期限利率的增加，最终导致贷款规模的降低，这符合新市场财政学关于财政-货币"双主体"货币调控体系的论断。

国债收益率在国债通过利率渠道向商业银行贷款规模的传导过程中发挥着重要的作用。加入国债收益率后，国债发行利率对 Shibor 各期限利率的影响变得不显著，但国债收益率与 Shibor 各期限利率显著正相关。同时，上月国债余额对 Shibor 各期限利率的正向影响保持不变。

第二节　地方政府债券发行与商业银行贷款规模的实证检验

本节对地方政府债券如何影响商业银行贷款规模进行实证检验。2015 年之前，虽然地方政府债券的发行、偿还过程中不乏财政部的身影，但在其发行之初，资金就被纳入本省份地方政府国库进行管理，地方政府债券资金也在本省份范围内使用。因此，本节对 2009 年起发行的地方政府债券的影响进行检验。

地方政府债券通过发行金额和发行利率向市场传递地方政府的财政资金状况和融资成本意愿，在债券资金缴入国库的同时，也通过对市场中资金需求和资金成本的改变，向其他市场利率传导，进而对商业银行贷款规模产生影响。如前所述，本节选取银行间同业拆借利率作为价格型货币政策工具的代表变量，基于地方政府债券发行规模和发行利率对银行间同业拆借利率的影响，分析地方政府债券发行如何通过利率渠道影响商业银行贷款规模。

一　计量模型设定和变量选择

为了判断地方政府债券发行对市场资金供求和资金成本的影响，能否及时传递至商业银行贷款，本节将通过对地方政府债券发行金额、发行利率与发行当日的银行间同业拆借利率的关系来验证。在此基础上，本节构建的模型如公式 8.3 所示。

$$Shibor_j = \alpha_0 + \alpha_1 LocalRate_j + \alpha_2 LocalCash_j + \alpha_3 X_j + \varepsilon_j \quad (8.3)$$

其中，$j = 1, \cdots\cdots, J$，表示发行的不同地方政府债券；$Shibor_j$ 表示地方政府债券 j 发行当日的银行间同业拆借利率；$LocalRate_j$ 表示地方政府债券 j 发行时的票面利率；$LocalCash_j$ 表示地方政府债券 j 的发行规模；X_j 为控制变量；α_0 为常数项；ε_j 为随机扰动项。发行利率的估计系数 α_1 衡量了地方政府债券发行利率对当日 Shibor 的影响效果，若符号显著为正，意味着地方政府债券发行利率越高，Shibor 越高，商业银行贷款规模越低。发行规模的估计系数 α_2 衡量了地方政府债券发行规模对当日 Shibor 的影响效果，若符号显著为正，意味着地方政府债券发行规模越大，对市场中的资金需求越大，Shibor 越高，商业银行贷款规模越低。

本节将银行间同业拆借利率作为价格型货币政策工具的代理变量。省份商业银行的贷款决策仍参考银行间同业拆借利率。其中，大型商业银行由于在银行间市场具有较高的议价能力，可通过改变资金配置影响银行间同业拆借利率，小型银行则是银行间市场价格的接受者，被动接受银行间同业拆借利率所要求的成本来融通资金（Hachem and Song，2016）。

控制变量主要包含债务指标、财政指标、货币市场指标三个层面。债务指标包括地方政府债券发行期限、是否为中期（1~5 年期）地方政府债券、是否为地方政府一般债券、是否为地方政府置换债券。财政指标包括省份一般公共预算收入和一般公共预算支出，由于省级国库中库款余额的数据较难获得，根据李俊生等（2020）的研究发现政府财政收支纳入国库管理会影响国库库款余额，本节用省级一般公共预算收支数据来衡量省级国库库款的变化。货币市场指标包括省份上月贷款余额、M1 新增量、活期存款利率、净投放量。

国债收益率作为市场基准利率之一，影响地方政府债券发行利率定价和其他市场利率，因此将国债收益率纳入回归方程，用以探究加入国债收益率的影响后，地方政府债券发行利率和发行金额对 Shibor 的影响。构建的模型如公式 8.4 所示，其中，$Treasury_i$ 代表国债收益率。

$$Shibor_j = \alpha_0 + \alpha_1 LocalRate_j + \alpha_3 LocalCash_j + \alpha_4\ X_j + \beta_5\ Treasury_j + \varepsilon_j$$

$$(8.4)$$

二　数据来源和变量描述

本节使用 2009~2019 年共 5768 只地方政府债券的横截面数据作为研究样本。地方政府债券发行数据包含每一只地方政府债券的债券代码、债券名称、发行省份、发行日期、发行规模、发行期限、是专项债券还是一般债券、是置换债券还是新增债券等信息。银行间同业拆借利率包括隔夜利率、隔夜 5 日均值利率、7 天利率、1 月利率和 3 月利率等。数据清理过程中，银行间同业拆借利率、净投放量、活期存款利率以发行当日为基础进行匹配，上月债务余额、上月贷款余额、一般公共预算收入和一般公共预算支出以发行省份和发行当月为基础进行匹配，M1 增长量以发行当月为基础进行匹配，国债收益率以发行当日和发行期限为基础进行匹配。

地方政府债券数据和央行公开市场操作数据来自 Wind 数据库，银行间同业拆借利率来自 Shibor 上海银行间同业拆放利率网[1]，一般公共预算收支、各省份贷款余额数据来自中国经济网[2]，M1 增长量和活期存款利率来自中国人民银行网站[3]，国债收益率来自中国债券信息网[4]。表 8-5 展示了主要变量的描述性统计。

---

① http：//www.shibor.org/.
② https：//db.cei.cn/.
③ http：//www.pbc.gov.cn/.
④ https：//www.chinabond.com.cn/.

表 8-5 主要变量描述性统计

变量	Obs	均值	方差	最小值	最大值
隔夜利率(%)	5768	2.251	0.545	0.801	6.968
隔夜 5 日均值(%)	5768	2.256	0.570	0.802	7.805
7 天利率(%)	5768	2.631	0.441	0.918	6.811
1 月利率(%)	5768	3.213	0.730	1.013	7.350
3 月利率(%)	5768	3.381	0.782	1.207	6.240
发行利率(%)	5768	3.515	0.507	1.600	4.750
发行期限(年)	5768	6.747	4.009	1.000	30.000
是否中期(1~5年=1)	5768	0.528	0.499	0	1
是否一般债(一般债券=1)	5768	0.497	0.500	0	1
是否置换债(置换债券=1)	5768	0.602	0.489	0	1
发行金额(亿元)	5768	42.230	47.280	0.009	481.670
上月债务余额(亿元)	5766	3957.890	3200.890	0.000	14650.450
一般公共预算收入(亿元)	5759	2064.590	1803.040	28.070	12102.900
一般公共预算支出(亿元)	5726	3371.460	2222.440	95.240	15737.370
上月贷款余额(亿元)	5625	39302.220	29083.520	1126.100	157733.500
净投放量(亿元)	5768	167.990	875.120	-2980.000	4755.000
M_1新增量(亿元)	5768	5624.260	9095.540	-26211.140	23340.540
国债收益率(%)	5768	3.214	0.425	1.601	4.307
活期存款利率(%)	5768	0.352	0.017	0.350	0.500

三 实证结果分析

图 8-5 展示了地方政府债券发行利率和 Shibor 隔夜利率的情况。横轴代表地方政府债券发行利率，纵轴代表 Shibor 隔夜利率，散点表示二者在图上的位置关系。从图中可以看出，散点表现出明显的集中性，地方政府债券发行利率集中在 2.5% ~ 5% 之间，均值为 3.52%，Shibor 隔夜利率集中在 1% ~ 3% 之间，均值为 2.25%。大部分地方政府债券发行利率高于 Shibor 隔夜利率，二者整体呈现出正相关关系。

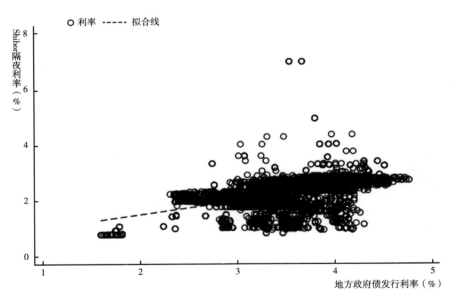

图 8-5 地方政府债券发行利率与 Shibor 隔夜利率散点

表 8-6 展示了地方政府债券发行利率、发行金额和 Shibor 隔夜利率关系的估计结果。列（1）在控制省份固定效应的基础上，对地方政府债券自身特征对 Shibor 隔夜利率的影响进行检验。结论显示，加入了地方政府债券自身特征后，地方政府债券发行利率越高，Shibor 隔夜利率越高，发行利率每提高 1%，Shibor 隔夜利率提高约

0.53%。发行期限与 Shibor 隔夜利率显著负向相关，是否中期债券与 Shibor 隔夜利率显著正向相关。可能的原因在于，地方政府债券发行期限最少为 1 年，最长为 30 年，债券发行期限越长，对短期资金的需求越低，进而导致短期资金需求的 Shibor 隔夜利率越低，因此相较于长期债券，发行中期债券时的 Shibor 隔夜利率更高。同时，是否一般债的系数为正，意味着相较于专项债券，发行一般债券时的 Shibor 隔夜利率更高。可能的原因在于，地方政府通常对债券进行分类管理，一般债券服务于没有收益的公益性项目，资金使用本身不能产生现金流，投资于一般债券的资金越多，意味着市场中被政府占用且不能带来收益的资金越多，从而导致资金供给减少，市场资金成本上升。与之相反，专项债券服务于有一定收益的公益性项目，项目的建设和运转能够带来一定的资金流入。资金投资于专项债券，预期会带来未来资金流的增长，市场反而更加鼓励对专项债券的投资，因而专项债券的发行反而降低了资金成本。置换债券的系数显著为负，主要是由于置换债券从市场中筹集到资金后，按要求短期内必须支付给存量债务持有人，因此不会造成市场中货币流通量的降低。但一般来说，置换债券是用长期、低成本的资金置换短期、高成本的债务，资金期限结构和利率结构的调整会释放短期资金，最终导致 Shibor 隔夜利率下降。

列（2）展示了未控制省份固定效应时，地方政府债券自身特征的影响效果。对比列（1）可以发现，两列变量的系数和显著性相差不大，省份虚拟变量的影响并不显著。图 8-6 画出了省份虚拟变量系数和 95% 置信区间，图中圆圈代表省份虚拟变量系数，竖线代表95% 置信区间，竖线与 0 水平线相交意味着该系数不显著。从图中可以看出，除了吉林、天津和山西①外，其他省份的虚拟变量均不显著。这是因为地方政府债券发行利率不仅包含了地方政府的财政收

---

① 青海省与 0 水平线正好相交，在 95% 置信区间上不显著，但在 10% 显著性水平上显著。

表 8-6 地方政府债券发行利率、发行金额对 Shibor 隔夜利率的影响

变量	隔夜利率						
	(1)	(2)	(3)	(4)	(5)	(6)	(7)
发行利率	0.527*** (45.90)	0.525*** (47.09)	0.478*** (38.88)	0.458*** (37.12)	0.407*** (9.25)	0.288*** (6.74)	0.303*** (7.13)
发行金额			0.000*** (2.68)	0.000*** (3.35)		0.000** (2.44)	0.000*** (3.13)
上月债务余额			0.000*** (20.60)	0.000*** (19.40)		0.000*** (21.29)	0.000*** (19.94)
国债收益率					0.152*** (2.89)	0.242*** (4.73)	0.199*** (3.88)
发行期限	-0.016*** (-6.57)	-0.016** (-6.38)	-0.023*** (-8.56)	-0.022*** (-9.06)	-0.017*** (-6.72)	-0.024*** (-9.14)	-0.023*** (-9.54)
是否中期	0.092*** (5.59)	0.088** (5.34)	0.065*** (3.99)	0.0518*** (3.29)	0.0873*** (5.31)	0.0648*** (3.98)	0.052** (3.28)
是否一般债	0.033** (2.50)	0.039*** (2.85)	0.063*** (5.21)	0.0443*** (3.68)	0.0343** (2.51)	0.0572*** (4.74)	0.040* (3.31)
是否置换债	-0.185*** (-12.55)	-0.187*** (-12.95)	-0.161*** (-10.44)	-0.120*** (-7.73)	-0.178*** (-11.65)	-0.145*** (-8.92)	-0.108*** (-6.62)
一般公共预算收入			0.000*** (11.57)	0.000*** (10.65)		0.000*** (10.98)	0.000*** (10.17)
一般公共预算支出			-0.000*** (-11.10)	-0.000*** (-9.75)		-0.000*** (-11.19)	-0.000*** (-9.84)

续表

变量	隔夜利率						
	(1)	(2)	(3)	(4)	(5)	(6)	(7)
上月贷款余额			−0.000*** (−15.68)	−0.000*** (−15.04)		−0.000*** (−15.49)	−0.000*** (−14.89)
净投放量				0.000*** (6.33)			0.000*** (6.31)
M_1新增量				−0.000*** (−6.52)			−0.000*** (−6.20)
活期存款利率				5.957*** (9.99)			5.862*** (9.72)
_cons	0.563*** (9.35)	0.559*** (11.90)	0.741*** (15.01)	−1.293*** (−6.06)	0.489*** (9.86)	0.636*** (12.08)	−1.347*** (−6.22)
省份虚拟变量	YES	NO	NO	NO	NO	NO	NO
N	5768	5768	5581	5581	5768	5581	5581
R−sq	0.277	0.266	0.327	0.354	0.268	0.331	0.357

注：（1）＊表示 $p<0.10$，在 10% 的水平下显著；＊＊表示 $p<0.05$，在 5% 的水平下显著；＊＊＊表示 $p<0.01$，在 1% 的水平下显著。

（2）括号内表示 t 值。

入、省份经济结构、财政收入集中度、市场化程度等可以观测到的因素影响（刘天保等，2017；金洪飞等，2019），也包括了不可观测的省份因素带来的风险溢价，即省级固定效应的影响，在发行利率对 Shibor 隔夜利率的影响中已然存在，这导致省份虚拟变量普遍不显著。因此，在后续回归中均不再控制省份虚拟变量。

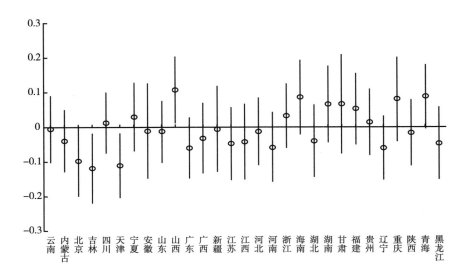

图 8-6　省份虚拟变量系数和置信区间

列（3）中控制了发行金额和上月债务余额，并加入一般公共预算收入、一般公共预算支出、上月贷款余额等省份层面的变量。结果显示，发行利率对 Shibor 隔夜利率的影响保持正向显著，发行金额、上月债务余额与 Shibor 隔夜利率显著正相关，地方政府债券发行导致的货币流通量减少改变了市场中的资金供求，资金融资成本上升，导致 Shibor 隔夜利率上升。一般公共预算收入与 Shibor 隔夜利率显著正相关，一般公共预算支出与 Shibor 隔夜利率显著负相关，符合新市场财政学关于财政发挥货币调控作用的判断，即省级政府征收财政收入降低了市场中的货币量，进而使得 Shibor 隔夜利率因资金短缺而上升；省级政府使用债务资金增加了市场中的流通货币量，Shibor 隔夜利率因资金增加而降低。上月贷款余额与 Shibor 隔夜利率显著负相关，原因是上月贷款余额增加意味着新增贷款增加，表示市场中资金充足，会导致 Shibor 隔夜利率降低。

列（4）在列（3）的基础上控制了净投放量、M1 新增量、活期存款利率。发行利率、发行金额和上月债务余额对 Shibor 隔夜的影响仍然显著。市场中货币流通量不足迫使央行通过公开市场操作投入资金，资金投入量越多，印证了市场中资金短缺越多，Shibor 隔夜利率表现为上升。M1 衡量了市场中的资金规模，M1 新增量越多意味着市场中新增的资金量越多，Shibor 隔夜利率越低。活期存款利率越高，商业银行向存款资金支付的利率越高，Shibor 隔夜利率也越高。

列（5）、列（6）和列（7）分别在列（2）、列（3）和列（4）的基础上控制了国债收益率的影响。国债收益率是地方政府债券发行定价的重要参考，国债收益率越高，Shibor 隔夜利率越高，二者呈现显著的正相关关系。在控制国债收益率的影响后，地方政府债券发行利率、发行金额、上月债务余额仍然发挥着对 Shibor 隔夜利率的正向影响。不同于国债发行利率在加入国债收益率后变得不显著，地方政府债券中还蕴含了流动性溢价、信用溢价等因素的影响，仍然发挥着作用。

综合来看，在分阶段加入债务指标、财政指标和货币市场指标时，地方政府债券发行利率对 Shibor 隔夜利率的正向作用仍然显著，发行利率的系数在 0.288～0.527 之间调整，Shibor 隔夜利率增加，商业银行贷款规模减少。地方政府债券发行金额、上月债务余额对 Shibor 隔夜利率的正向影响同样显著，债券发行导致的资金减少使得 Shibor 隔夜利率增加，商业银行贷款规模减少。

为验证结果的稳健性，表 8-7 将 Shibor 隔夜利率替换为隔夜 5 日均值利率、7 天利率、1 月利率和 3 月利率。结果显示，地方政府债券发行利率越高，Shibor 各期限利率越高，结果保持稳健。国债收益率对 Shibor 各期限利率发挥显著正向影响，且资金期限越长，国债收益率系数越大。地方政府债券发行金额对隔夜 5 日均值利率、7 天利率和 1 月利率存在显著正向影响,上月债务余额对隔夜 5 日均值利率和 7 天利率存在显著正向影响。随着 Shibor 利率对应的资金期限越来越长,债券发行金额的影响越来越弱。是否置换债券系数从负向显著变为正向显著,说明地方政府债券将短期资金置换为长期资金,释放了短期资金而吸收了长期资金,使得相对长期资金利率上升、短期资金利率下降。

表 8-7 地方政府债券发行利率、发行金额对 Shibor 各期限利率的影响

变量	（1） 隔夜 5 日均值利率	（2） 7 天利率	（3） 1 月利率	（4） 3 月利率
发行利率	0.342*** (7.78)	0.175*** (5.97)	0.281*** (6.42)	0.280*** (7.31)
发行金额	0.000** (2.10)	0.000** (2.10)	0.000* (1.87)	−0.000 (−0.41)
上月债务余额	0.000*** (20.41)	0.000*** (4.20)	−0.000 (−0.31)	0.000 (0.89)
国债收益率	0.150*** (2.89)	0.378*** (10.50)	0.980*** (18.81)	1.160*** (25.63)
发行期限	−0.0196* (−8.47)	−0.015** (−16.45)	−0.049** (−31.78)	−0.057*** (−37.75)
是否中期	0.067*** (4.44)	0.076** (9.25)	0.157*** (10.33)	0.176*** (11.91)
是否一般债	0.046** (3.68)	0.062*** (7.36)	0.117*** (8.51)	0.095** (7.36)
是否置换债	−0.122*** (−6.97)	−0.097** (−6.78)	0.098** (5.68)	0.196*** (13.53)
一般公共预算收入	0.000*** (8.80)	0.000*** (5.05)	0.000*** (4.31)	0.000*** (4.86)
一般公共预算支出	−0.000*** (−7.90)	−0.000*** (−9.61)	−0.000*** (−10.75)	−0.000*** (−8.69)
上月贷款余额	−0.000*** (−14.63)	−0.000* (−1.91)	0.000 (0.90)	−0.000 (−0.96)
净投放量	0.000** (2.40)	0.000* (2.55)	0.000*** (2.62)	0.000*** (2.61)

续表

变量	（1）隔夜 5 日均值利率	（2）7 天利率	（3）1 月利率	（4）3 月利率
M_1新增量	-0.000 *** (-3.66)	-0.000 *** (-7.21)	0.000 *** (17.08)	0.000 *** (15.25)
活期存款利率	7.988 *** (9.40)	8.126 *** (9.10)	8.954 *** (20.92)	11.27 *** (22.34)
_cons	-2.133 *** (-7.04)	-1.936 *** (-6.07)	-3.868 *** (-25.05)	-5.111 *** (-27.89)
N	5581	5581	5581	5581
R-sq	0.355	0.461	0.580	0.669

注：（1）＊表示 p<0.10，在 10%的水平下显著；＊＊表示 p<0.05，在 5%的水平下显著；＊＊＊表示 p<0.01，在 1%的水平下显著。（2）括号内表示 t 值。

四　小结

本节对地方政府债券发行如何影响商业银行贷款规模进行检验。地方政府债券发行利率与 Shibor 各期限利率呈现显著正相关，地方政府债券发行利率越高，Shibor 各期限利率越高，商业银行贷款规模越低。该结果在隔夜利率、隔夜 5 日均值利率、7 日利率、1 月利率、3 月利率中保持稳健。

地方政府债券发行金额、上月债务余额与 Shibor 各期限利率呈显著正相关，地方政府债券发行规模越大，上月债务余额越高，纳入国库中的资金越多，市场中资金的减少会导致 Shibor 上升，最终使商业银行贷款规模降低。该结果在隔夜利率、隔夜 5 日均值利率、7 日利率中保持稳健。

发行一般债券时 Shibor 隔夜利率更高，发行置换债券时 Shibor 短期资金利率下降而长期资金利率上升。这意味着不同类型地方政府债券对商业银行贷款规模的影响具有异质性，需要在厘清债券类型的基础上进行针对性地分析。

第九章　结论和政策建议

第一节　主要结论

本书研究了政府债务对商业银行贷款规模的影响，该问题的研究立足于当前国家加强财政政策、货币政策和宏观审慎政策协调配合的宏观背景，本书通过分析具有财政和金融双重属性的政府债务如何影响商业银行贷款规模，来探析三个政策相互结合的机制和作用机理。

第一，国库集中收付制度的建立赋予了政府债务调控流通货币的能力。国库集中收付制度要求在中央银行开设国库单一账户，国库中的财政存款由财政部门支配却又是中央银行信贷资金的一部分。这种关系赋予了财政部门对流通货币的调控力，使得财政部门成为货币调控的又一重要部门，建立了财政-央行"双主体"货币调控机制。国库中资金的变动会影响中央银行资产负债表中的其他科目，改变流通货币量，导致基础货币在中央银行账户间流动，例如商业银行在中央银行开设的账户、国库账户。国库集中收付制度要求政府将全部财政收入和支出纳入国库中管理，政府债务本身就是政府财政收入的一部分，也同样纳入国库中管理，因此政府债务也拥有了对流通货币的调控力，且政府债务的不同环节对流通货币发挥着不同的影响。

第二，商业银行信用创造放大了政府债务的影响力，利率市场化改革增加了政府债务利率向商业银行贷款规模传导的效率。国库集中收付制度与商业银行信用创造、利率市场化相互协调配合，构成政府债务影响商业银行贷款规模的制度基础和现实基础，政府债务在不同环节通过数量渠道和利率渠道对商业银行贷款规模发挥作用。在政府债务发行环节，商业银行是政府债券的主要持有者，政府债务发行将筹集到的债务资金缴入国库中进行管理，国库中债务资金的增加意味着商业银行资金的减少，商业银行和国库账户在中央银行层面进行清算，商业银行超额存款准备金降低，削弱了商业银行的信用创造，降低了商业银行贷款规模。在政府债务流通环节，按照项目预算安排，部分政府债务资金滞留国库，这部分资金将通过国库现金管理操作进入商业银行中作为定期存款，商业银行获得定期存款增加了法定存款准备金和超额存款准备金，增强了商业银行通过贷款发放创造存款货币的能力，商业银行贷款规模上升，而定期存款转回国库则是相反的操作。在政府债务使用环节，政府债务的使用与普通财政支出类似，在一般公共预算或者政府性基金预算的支出线上核算。政府债务资金的使用是将资金支付给项目单位，从而增加了项目单位掌握的流通货币规模。由于商业银行是国库集中支付的代理银行，项目单位获得资金以商业银行存款的形式存在，在考虑现金漏损率的情况下，仍然保留了一定的银行存款，这增加了商业银行持有的超额存款准备金，从而促进了商业银行贷款规模的增加。在政府债务偿还环节，债券本金和利息将支付给债券持有人，如果偿债资金来源为预算收入，债券偿还带来的超额存款准备金增加和贷款规模增加，对冲了财政收入进入国库带来的准备金减少和贷款规模减少；如果偿还本金资金来源为"借新还旧"资金，市场中将出现流通货币的暂时性波动，资金规模、超额存款准备金规模和商业银行贷款规模不变，但政府债务结构发生改变。新发行债务替代了到期债务，此时债务期限结构发生改变，债务利率结构也出现差异，从而使债券偿还对贷款利率产生影响。从政府债务全流程来看，政府债务不会带来商业银行贷款规模的实质性改变，仅是资金规模和资金结构的暂时性波动。然而，政府债券购买者、财政支出资金获得者、偿债财政收入缴纳者、"借新还旧"新发债券购买者不全是同一主体，使得政府债务得以发挥对商业银行贷款规模的影响力。例如，当政府债券购买者均是商业银行时，用预算收入偿债会导致商业银行贷款规模增加，用"借新还旧"偿债会导致商业银行贷款规模减少。

第三，财政存款是政府债务影响商业银行贷款规模的机制路径。国债和地方政府债券的影响存在异质性，不同类型商业银行贷款的表现也存在异质性。在实证检验部分，本书分别对国债和地方政府债券通过数量渠道和利率渠道影响商业银行贷款规模进行分类分析，得到四个主要结论。其一，国债通过数量渠道影响商业银行贷款规模。对国债与商业银行贷款规模的动态关系分析发现，国债发行能够解释商业银行贷款规模的变动。对国债发行的冲击将导致商业银行贷款规模先减少、后增加、再减少，这符合理论和机制模型对政府债券影响的预测。在此过程中，财政存款发挥着机制路径的作用，国债发行增加了财政存款的规模，财政存款规模的增加降低了商业银行贷款规模，实现了国债发行对商业银行贷款的挤出。这种挤出效应在不同类型的商业银行贷款中存在差异，国债挤出程度以企业贷款最为明显，长期贷款其次，短期贷款最小。此外，本书发现国债对住户贷款存在挤入效应，即国债发行规模越大，住户贷款规模也越高。其二，地方政府债券通过数量渠道影响商业银行贷款规模。对地方政府债券面板数据的动态关系分析表明，商业银行贷款规模受到过去贷款规模的正向影响，地方政府债券对商业银行贷款规模的影响负向显著，对地方政府债券发行的冲击导致商业银行贷款规模在短期出现下降。对地方政府债券影响的时间序列分析表明，财政存款是地方政府债券影响商业银行贷款规模的机制路径，地方政府债券对不同类型商业银行贷款的影响与国债相同，但影响程度小于国债。其三，国债通过利率渠道影响商业银行贷款。将银行间同业拆借利率作为价格型货币政策工具的代理变量，本书研究了政府债务利率是如何通过对银行间同业拆借利率的影响进而向商业银行贷款规模传导的。研究发现，国债利率越高，银行间同业拆借利率越高，商业银行贷款规模越低；上月国债余额越高，银行间同业拆借利率越高，商业银行贷款规模越低。当控制国债收益率的影响后，国债发行利率对银行间同业拆借利率的影响不显著；国债发行利率通过对国债收益率的影响，改变了商业银行贷款规模。其四，地方政府债券通过利率渠道影响商业银行贷款规模。地方政府债券发行利率越高，发行金额越大，银行间同业拆借利率越高，商业银行贷款规模越低。此外，加入国债收益率并不影响发行利率和发行金额的显著性，这主要是由于地方政府债券发行利率中包含了更多的溢价因素。

本书的研究结果表明，政府债务拥有对货币量的调控力，政府债务通过对财政存款和价格型货币政策工具的影响，改变商业银行贷款规模，且这一影响效果因政府债券类型差异和商业银行贷款类型差异而有所不同。充分理解和掌握政府债务影响商业银行贷款规模的机制路径和异质性影响，是加强财政政策、货币政策和宏观审慎政策协调配合，深化财政-央行"双主体"货币调控机制，防范财政风险和金融风险，科学合理制定宏观政策的重要基础。

第二节　政策建议

本书在深入理解国库集中收付制度、商业银行信用创造和利率市场化的基础上，明确了政府债务影响商业银行贷款规模的制度基础和现实基础，并构建了机制模型，用以刻画政府债务发行、流通、使用和偿还环节对商业银行贷款规模的分类影响。结合国债、地方政府债券对商业银行贷款规模的实证检验结果，本书提出如下政策建议。

一　厘清政府债务的举债主体和划分标准，明确政府债务统计口径

目前，我国尚未形成统一的政府债务统计口径。举债主体大部分按照公共部门或广义政府概念划分，划分标准不明使不同类型政府债务的归类模糊，导致目前理论界和实务界在对政府债务进行统计时，存在统计口径不统一、概念混淆等问题。厘清政府债务的举债主体和划分标准，统一政府债务统计口径，有助于更好地识别政府债务现状。

一方面是举债主体。中国在核算政府债务时主要按照中央政府债务和地方政府债务划分，在不同层级债务中包含了政府部门、事业单位、国有企业等主体。整体来看符合公共部门债务范畴，但考虑到国内和国外在国有企业的性质和地位上存在差异，中国国有企业占比较大且在国民经济中发挥着举足轻重的地位，将国有企业债务纳入政府债务统计范围将导致政府债务规模虚高，过度夸大政府债务风险，然而目前广受关注的地方融资平台正是国有企业的一类，且地方融资平台债务蕴含着极高的风险。因此，是否将国有企业债务纳入政府债务统计范畴值得深入研究，建议按照国有企业的偿债能力、主营业务和盈利能力划分。

另一方面是划分标准。对举债主体的理清有助于划分标准的明确，以规范不同类型债务的范围。在中国，实践中较为权威的划分标准是审计署按照政府负有偿还责任的债务、政府负有担保责任的债务和其他相关债务进行划分。而学术研究中多按照显性直接债务、显性或有债务、隐性直接债务和隐性或有债务划分。由于不同类型债务包括的债务举债主体和债务范围不同，本书建议结合举债主体和举债手段划分政府债务，明确政府债务偿还责任，正确界定政府债务统计口径。

二 增加政府债务纳入国库集中收入制度管理的比例和范围

政府债务不同管理方式的影响不同,目前理论界和实务界在对政府债务影响进行分析时,并未充分认识到政府债务和普通债务的区别,因而并未真正识别出化解政府债务风险的本质要求。

本书通过研究发现,政府债务或称之为政府债券,其区别于普通债务的重要落脚点在于政府债务资金是纳入国库管理的。目前关注较多的"城投债"和融资平台贷款,虽然由政府融资平台举借,也被划为地方政府性债务范畴,但这部分债务资金并未纳入国库进行统一管理。因而,商业银行购买"城投债"或者发放融资平台贷款,仅仅改变了商业银行债权资产和融资平台公司在商业银行账户中的存款货币。商业银行信用创造过程,在债务发行之初就已经完成,债务资金的流通、使用、偿还等环节均不会改变市场中的货币量。这部分债务并未纳入财政部门的掌控,财政部门也未能从债务不同环节中对其进行管理和监控,这便增加了债务风险和通货膨胀风险。

因此,本书认为国家应继续加强和完善国库集中收付制度,规范政府债务融资方式,增加政府债务资金纳入国库集中收入制度管理的比例和范围。政府债务纳入国库管理,可以使政府债务资金从流通市场中隔离出来,财政部门掌握了债务资金在发行、流通、使用和偿还环节的流转,也就掌握了通过政府债务调控市场中货币量和商业银行贷款规模的能力。这也支持了目前关于规范政府债务,加大政府债券发行力度,化解非标政府性债务的做法。将政府债务资金纳入国库管理,才能真正实现对政府债务风险的防范和化解。

三 加强政府债务流程管理,保持政府债务风险在可控范围

目前政府债务规模逐渐攀升,政府债务偿债压力较大,对政府债务风险的担忧,来自债务无法偿还情况下对市场主体和流动

性带来的冲击。部分研究者通过对政府债务偿债率、债务率、负债率等指标的分析，对政府债务风险和财政可持续性进行研究。本书则从政府债务全流程角度分析政府债务风险，发现不同环节政府债务对商业银行贷款规模的影响存在差异。政府债务发行环节会降低商业银行贷款，流通环节短时间内调整了贷款规模和结构，使用环节增加了商业银行贷款，偿还环节因偿债资金来源差异产生不同的影响。运用"借新还旧"方式偿还连接了已有政府债务的偿还环节和新发政府债务的发行环节，改变了政府债务结构，但对流通货币的影响较少。这就要求我们加强对政府债务流程的管理，区分新增债务和"借新还旧"债务的作用，确保政府债务风险在可控范围内。

政府新增债务占用了市场中的流通资金，降低了商业银行存款准备金，降低了商业银行贷款规模。新增债务规模越大，政府债务规模越大，政府债务无法偿还的风险也越大。政府到期债务通过借新债偿还，会先从市场中筹集资金，然后在极短时间内完成债务偿还，在此种情况下市场中流通货币量和政府债务规模不会改变，仅会产生资金的短期波动。因此，只要市场能够满足债券"借新还旧"的融资需求，政府债务风险依然可控，但仍不能放松警惕。要加强对政府债务流程的管理，充分认识到不同环节中政府债务对市场的影响，通过合理配置和调控不同环节来降低政府债务风险，确保政府债务风险在可控范围内。

四 细分政府债券类型，发挥政府债务对商业银行贷款的调控力

本书通过研究表明，充分识别不同政府债券类型对市场中货币流通量和商业银行贷款规模的异质性影响尤为重要，差异化管理可以更好地发挥政府债务的调控力。就国债而言，要加强国债管理，发挥国债对货币流通量和市场利率的引导作用，这主要体现在三个

方面。其一，加强对国债新增额度、国债余额规模的管理，合理灵活安排国债发行季度和发行进度，以便更好地控制国债发行对市场上资金流向、资金规模和资金配置的影响。其二，加强国债和中央银行公开市场操作的配合，不再只强调国债是公开市场操作的工具，国债自身也能对市场中的货币量进行调控，将国债的两类影响相结合，能更好地实现与货币政策的协调，加强对市场中货币量的调控。其三，深化国债市场，完善国债品种，充分发挥国债发行利率和国债收益率曲线的作用。国债收益率曲线对于短期市场利率的显著影响，使得完善国债收益率曲线，促进债券市场利率向贷款市场利率传导具有重要的现实意义。国债发行利率对长期资金利率的显著影响，使得国债发行利率的政策传导作用不容忽视。财政部门在国债收益率的基础上向上或向下浮动一定比例作为政策导向，向市场传递财政政策信息，可以帮助引导市场利率浮动变化。同时，加强国债发行利率与国债收益率曲线的沟通传导，有助于更好地发挥国债收益率曲线的基础利率作用。

就地方政府债券而言，要细分地方政府债券种类，加强地方政府债券的市场化建设和差异化管理，这主要体现在三个方面。其一，完善地方政府债券发行市场，重视商业银行柜台市场的建设，让个人和中小投资者参与到地方政府债券中，明晰不同市场主体购买政府债券对市场中货币流通量的不同影响。其二，完善地方政府债券定价的市场化，减少地方政府对商业银行决策的干预，提高商业银行投资决策的自主性，以增强资金利率变化对商业银行贷款规模的传导性，让地方政府债券发行利率充分反映市场对债券风险和溢价的评价。其三，实行地方政府债券的差异化管理，一般债券发行比专项债券更易导致贷款利率上升和贷款规模下降，置换债券则不影响货币流通量，但影响市场中资金期限结构和利率结构，进而降低短期资金利率，提高长期资金利率。地方政府债券对市场中资金利率和贷款规模的差异性影响，能够适应政府部门的灵活调控要求。

例如，如果政府部门希望降低市场融资利率，增加贷款规模，则可以要求多发专项债券。

五　加强和完善国库集中收付制度建设，加强财政政策和货币政策协调

国库集中收付制度是财政部门和政府债务发挥货币调控职能的制度基础，这赋予了政府债务发行、流通、使用和偿还环节影响商业银行贷款规模的能力。本书通过对国债和地方政府债券发行环节对商业银行贷款规模的影响，实证检验了财政存款发挥的中介作用，政府债务发行增加了国库中财政存款规模，财政存款规模的增加降低了商业银行贷款规模。国库财政存款成为政府债务与流通货币的连接通道，这便要求国家加强国库集中收付制度建设，加强对国库资金的有效管理，增加财政部门对货币市场的调控效率，发挥财政-央行"双主体"货币调控功能，加强财政政策、货币政策和宏观审慎政策的协调配合。

财政政策和货币政策协调通过国库集中收付制度实现，政府债务通过国库集中收付制度影响流通货币。这种影响不是通过中央银行直接购买政府债务的"财政赤字货币化"实现，而是需要通过财政-央行"双主体"共同决策、共同行动来实现。这表明财政赤字货币化不完全适合当前的中国经济状态，并非财政政策和货币政策协调的有益尝试。本书认为，债务政策才是财政政策和货币政策协调的可能选择，在这其中，国债以服务宏观调控、保持宏观经济稳定为目标，地方政府债券以服务地方公益性项目建设为目标。在此种情况下，市场满足了财政融资需要，同时也保证了市场货币流通的平稳有序变动。

参考文献

巴曙松，李羽翔，张搏．地方政府债券发行定价影响因素研究——基于银政关系的视角［J］．国际金融研究，2019（07）：76-86.

陈宝东，邓晓兰．财政分权、金融分权与地方政府债务增长［J］．财政研究，2017（05）：38-53.

陈宝东，邓晓兰．货币政策被地方政府债务绑架了吗？［J］．经济管理，2019，41（10）：5-21.

陈建奇，李金珊．国库现金对货币供给政策的影响机制及证据：基于中国中央银行经理国库制度背景的研究［J］．世界经济，2008（07）：44-56.

陈菁，李建发．财政分权、晋升激励与地方政府债务融资行为——基于城投债视角的省级面板经验证据［J］．会计研究，2015（01）：61-67+97.

陈立军，杜欣．地方政府债券发行对国库资金管理的影响［J］．金融会计，2016（12）：58-60.

陈梦根，章敏．政府债务统计国际准则比较与借鉴［J］．经济社会体制比较，2016（04）：166-180.

陈宪，尹柏杨．地方政府债券对上市地方商业银行流动性风险的影响［J］．湖南农业大学学报（社会科学版），2020，21（03）：67-73.

陈勇．宏观经济、货币政策与债券市场［D］．南开大学，2010.

程宇丹，龚六堂．政府债务对经济增长的影响及作用渠道［J］．数量经济技术经济研究，2014，31（12）：22-37+141．

董华平，干杏娣．我国货币政策银行贷款渠道传导效率研究——基于银行业结构的古诺模型［J］．金融研究，2015（10）：48-63．

戴国强．商业银行经营学（第五版）［M］．高等教育出版社，2016．

伏润民，缪小林，高跃光．地方政府债务风险对金融系统的空间外溢效应［J］．财贸经济，2017，38（09）：31-47．

郭友，莫倩．资本约束与信贷挤压［J］．金融研究，2006（07）：134-142．

胡援成，张文君．地方政府债务扩张与银行信贷风险［J］．财经论丛，2012（03）：59-65．

华夏，马树才，韩云虹．地方政府债务如何影响实体企业信贷融资——基于异质性视角的中国工业企业微观数据分析［J］．贵州财经大学学报，2020（03）：33-39．

黄春元，毛捷．财政状况与地方债务规模——基于转移支付视角的新发现［J］．财贸经济，2015（06）：18-31．

黄达．财政信贷综合平衡导论［M］．中国金融出版社．1984．

纪志宏，周黎安，王鹏，赵鹰妍．地方官员晋升激励与银行信贷——来自中国城市商业银行的经验证据［J］．金融研究，2014（01）：1-15．

贾康，阎坤，周雪飞．国库管理体制改革及国库现金管理研究［J］．管理世界，2003（06）：15-25．

蒋世站．城市商业银行与地方政府关系研究［D］．东北财经大学，2018．

金洪飞，葛璐澜，程小庆．地方政府债券发行利差的影响因素研究［J］．上海大学学报（社会科学版），2019，36（03）：126-140．

李建强，朱军，张淑翠．政府债务何去何从：中国财政整顿的逻辑与出路［J］．管理世界，2020，36（07）：41-55．

李俊生．以"社会共同需要"为核心概念构建财政学理论框架体系——关于社会共同需要财政理论的文献研究［J］．财贸经济，2012（06）：10-14．

李俊生．新市场财政学：旨在增强财政学解释力的新范式［J］．中央财经大学学报，2017（05）：3-11．

李俊生，姚东旻．重构政府与市场的关系——新市场财政学的"国家观""政府观"及其理论渊源［J］．财政研究，2018（01）：20-32．

李俊生，姚东旻，李浩阳．财政的货币效应——新市场财政学框架下的财政－央行"双主体"货币调控机制［J］．管理世界，2020，36（06）：1-25+241．

李双建，田国强．银行竞争与货币政策银行风险承担渠道：理论与实证［J］．管理世界，2020，36（04）：149-168．

李涛，刘明宇．资本充足率、银行信贷与货币政策传导——基于中国25家银行面板数据的分析［J］．国际金融研究，2012（11）：14-22．

李扬．货币政策与财政政策的配合：理论与实践［J］．财贸经济，1999（11）：3-5．

李玉龙．地方政府债券、土地财政与系统性金融风险［J］．财经研究，2019，45（09）：100-113．

梁捷，王鹏翀，钟祥财．现代货币理论（MMT）：内涵、批判和启示［J］．上海经济研究，2020（11）：113-128．

梁琪，郝毅．地方政府债务置换与宏观经济风险缓释研究［J］．经济研究，2019，54（04）：18-32．

刘冲，郭峰，傅家范，周强龙．政治激励、资本监管与地方银行信贷投放［J］．管理世界，2017（10）：36-50．

刘贵生. 现代国库论［M］. 中国金融出版社，2014.

刘红忠，童小龙，张卫平. 多元调控、立场识别和货币政策传导机制［J］. 经济学动态，2019（12）：55-74.

刘莉亚，余晶晶，杨金强，朱小能. 竞争之于银行信贷结构调整是双刃剑吗？——中国利率市场化进程的微观证据［J］. 经济研究，2017，52（05）：131-145.

刘涛雄，王伟. 银行信贷结构对货币政策有效性的影响［J］. 清华大学学报（哲学社会科学版），2013，28（03）：138-147+161.

刘天保，王涛，徐小天. 我国地方政府债券定价机制研究——以发行利率影响因素为视角［J］. 财经问题研究，2017（12）：76-82.

刘锡良，李秋婵. 金融发展水平对地方政府债务适度规模的影响研究［J］. 经济问题，2015（05）：53-58.

吕健. 地方债务对经济增长的影响分析——基于流动性的视角［J］. 中国工业经济，2015（11）：16-31.

马骏，施康，王红林，王立升. 利率传导机制的动态研究［J］. 金融研究，2016（01）：31-49.

马树才，华夏，韩云虹. 地方政府债务影响金融风险的传导机制——基于房地产市场和商业银行视角的研究［J］. 金融论坛，2020，25（04）：70-80.

毛锐，刘楠楠，刘蓉. 地方政府债务扩张与系统性金融风险的触发机制［J］. 中国工业经济，2018（04）：19-38.

毛捷，徐军伟. 中国地方政府债务问题研究的现实基础——制度变迁、统计方法与重要事实［J］. 财政研究，2019（01）：3-23.

缪小林，伏润民. 权责分离、政绩利益环境与地方政府债务超常规增长［J］. 财贸经济，2015（04）：17-31.

潘国俊. 政府资金运动与货币供给量的关系研究［J］. 金融研究，2004（06）：81-89.

潘敏，罗霄，缪海斌．银行信贷的行业产出与溢出效应［J］．投资研究，2011，30（08）：12-22.

彭连清．我国宏观经济调控的国债效应分析［D］．华南师范大学，2003.

彭兴韵，施华强．适度宽松货币政策下的中国信贷膨胀分析［J］．经济学动态，2009（08）：33-41.

平新乔，杨慕云．信贷市场信息不对称的实证研究——来自中国国有商业银行的证据［J］．金融研究，2009（03）：1-18.

钱先航，曹廷求，李维安．晋升压力、官员任期与城市商业银行的贷款行为［J］．经济研究，2011，46（12）：72-85.

沈丽，刘媛，刘华军，李文君．地方政府债务风险的空间溢出及其解释——基于关系数据的研究［J］．财政研究，2019（03）：79-92.

孙国峰．信用货币制度下的货币创造和银行运行［J］．经济研究，2001（02）：29-37+85.

孙国峰．货币创造的逻辑形成和历史演进——对传统货币理论的批判［J］．经济研究，2019，54（04）：182-198.

唐仲．地方债置换的货币效应研究［D］．中国财政科学研究院，2017.

王国刚．关于"地方政府融资平台债务"的冷思考［J］．财贸经济，2012（09）：14-21.

王国刚．中国银行业70年：简要历程、主要特点和历史经验［J］．管理世界，2019，35（07）：15-25.

王林元．中国国债对货币供应量的影响研究［D］．中国财政科学研究院，2016.

王仕进，刘杰．政府债务、期限溢价与货币政策选择［J］．财经研究，2017，43（11）：128-139+153.

王曦，汪玲，彭玉磊，宋晓飞．中国货币政策规则的比较分析——

基于 DSGE 模型的三规则视角 [J]. 经济研究, 2017, 52 (09): 24-38.

王叙果, 张广婷, 沈红波. 财政分权、晋升激励与预算软约束——地方政府过度负债的一个分析框架 [J]. 财政研究, 2012 (03): 10-15.

王洋, 傅娟. 从允许地方政府发债看打破金融行业行政垄断 [J]. 财政研究, 2015 (02): 54-58.

王兆东, 郭娜, 魏云捷. 信用货币制度下银行存款创造与转移研究 [J]. 管理评论, 2020, 32 (03): 85-96.

温忠麟, 叶宝娟. 中介效应分析: 方法和模型发展 [J]. 心理科学进展, 2014, 22 (05): 731-745.

吴吉林, 金一清, 张二华. 潜在变量、宏观变量与动态利率期限结构——基于 DRA 模型的实证分析 [J]. 经济评论, 2010 (01): 80-88.

伍戈, 连飞. 中国货币政策转型研究: 基于数量与价格混合规则的探索 [J]. 世界经济, 2016, 39 (03): 3-25.

夏诗园. 中国金融市场发展对地方政府债务适度规模的影响研究——基于省级面板数据门槛模型的实证检验 [J]. 宏观经济研究, 2019 (05): 74-88.

夏仕龙. 我国财政货币政策组合变动的理性预期效应——基于 MS-DSGE 模型 [J]. 财贸研究, 2019, 30 (12): 14-29.

肖鹏, 李新华. 公债管理教程 [M]. 对外经济贸易大学出版社, 2012.

谢思全, 白艳娟. 地方政府融资平台的举债行为及其影响分析——双冲动下的信贷加速器效应分析 [J]. 经济理论与经济管理, 2013 (01): 60-68.

徐明东, 陈学彬. 中国微观银行特征与银行贷款渠道检验 [J]. 管理世界, 2011 (05): 24-38+187.

徐小天 . 我国国债规模与期限结构的管理研究 ［D］. 中国财政科学研究院，2018.

徐忠 . 新时代背景下中国金融体系与国家治理体系现代化 ［J］. 经济研究，2018，53（07）：4-20.

许友传 . 商业银行对货币政策的信贷行为反应与分布特征 ［J］. 上海经济研究，2012，24（09）：3-11+29.

闫坤，孟艳 . 现代货币理论与货币政策、财政政策协调配合的 3.0 版 ［J］. 学习与探索，2020（02）：101-110.

闫坤，孟艳 . 现代货币理论及其现实困境 ［N］. 中国社会科学报，2019-12-11（004）.

杨超，韩树昶 . 城市商业银行异地分支机构属地业务空心化问题研究 ［J］. 时代金融，2020（36）：146-148.

杨志勇 .1978 年以来中国财政赤字与债务管理体制变革 ［J］. 地方财政研究，2018（11）：34-39+48.

杨志勇 . 新中国财政政策 70 年：回顾与展望 ［J］. 财贸经济，2019，40（09）：21-34.

姚东旻，朱泳奕，庄颖 .PPP 是否推高了地方政府债务——基于微观计量方法的系统评价 ［J］. 国际金融研究，2019（06）：26-36.

赵全厚，孙昊旸 . 我国政府债务概念辨析 ［J］. 经济研究参考，2011（10）：42-45.

张成虎，金虎斌 . 财政货币政策与地方政府债务关系的实证检验 ［J］. 统计与决策，2016（14）：156-159.

张晓斌 . 地方政府债券置换对银行信贷及货币供给的影响 ［J］. 财经理论与实践，2016，37（06）：22-27.

张雪莹，焦健，宫红琳 . 政府债务对货币政策利率规则的约束效应研究 ［J］. 国际金融研究，2016（10）：28-36.

张雪莹，焦健 . 地方政府性债务溢出及其治理效应——基于债券市

场的研究 [J]. 国际金融研究, 2019 (10): 64-73.

张晓晶, 刘磊. 现代货币理论及其批评——兼论主流与非主流经济学的融合与发展 [J]. 经济学动态, 2019 (07): 94-108.

中国人民银行国库局. 国库理论与实务 [M]. 中国金融出版社, 2008.

钟军委. 地方政府债务对资源空间配置优化的影响研究 [J]. 财政研究, 2021 (01): 74-85.

周黎安. 中国地方官员的晋升锦标赛模式研究 [J]. 经济研究, 2007 (07): 36-50.

周莉萍. 国内财政国库库款与货币政策: 一个分析框架 [J]. 金融评论, 2019, 11 (04): 26-42+124-125.

周波, 张兆强. 我国财政货币政策交互作用渠道机制研究 [J]. 财经问题研究, 2016 (07): 66-76.

周南, 黎灵芝. 利率市场化对商业银行信贷行为的影响 [J]. 金融论坛, 2015, 20 (01): 7-13.

朱军, 李建强, 陈昌兵. 金融供需摩擦、信贷结构与最优财政援助政策 [J]. 经济研究, 2020, 55 (09): 58-73.

朱军, 李建强, 张淑翠. 财政整顿、"双支柱" 政策与最优政策选择 [J]. 中国工业经济, 2018 (08): 24-41.

祝鸿玲, 柴鹏. 债券市场与货币政策传导机制关系的实证分析 [J]. 统计与决策, 2019, 35 (13): 162-165.

祝继高, 岳衡, 饶品贵. 地方政府财政压力与银行信贷资源配置效率——基于我国城市商业银行的研究证据 [J]. 金融研究, 2020 (01): 88-109.

中国人民银行营业管理部课题组, 杨国中, 李宏瑾, 尹兴中. 货币政策操作对银行部门的影响——基于商业银行面板数据的实证研究 [J]. 投资研究, 2011, 30 (11): 3-15.

Acharya V V, Eisert T, Eufinger C, et al. Real Effects of the Sovereign

Debt Crisis in Europe：Evidence from Syndicated Loans ［J］．The Review of Financial Studies，2018，31(8)：2855-2896.

Agca S，Celasun O．Sovereign Debt and Corporate Borrowing Costs in Emerging Markets ［J］．Journal of International Economics，2012，88(1)：198-208.

Albertazzi U，Ropele T，Sene G，et al．The Impact of the Sovereign Debt Crisis on the Activity of Italian Banks ［J］．Journal of Banking and Finance，2014，46(9)：387-402.

Altaylıgil Y B，Akkay R C．The Effect of the Domestic Debt on the Financial Development：a Case Study for Turkey ［J］．International Journal of Economics and Finance，2013，5(5)：64-74.

Angeletos G，Collard F，Dellas H，et al．Public Debt as Private Liquidity：Optimal Policy ［J］．National Bureau of Economic Research，2016.

Anyanwu A，Gan C，Hu B．Government Domestic Debt，Private Sector Credit，and Crowding out Effect in Oil - Dependent Countries ［J］．Private Sector Credit，and Crowding out Effect in Oil - Dependent Countries (July 15, 2018)，2018.

Aschauer D A．Does Public Capital Crowd out Private Capital? ［M］．Research Department，Federal Reserve Bank of Chicago，1988.

Baldacci E．Kumar M S．Fiscal Deficits，Public Debt，and Sovereign Bond Yields ［J］．Imf Working Papers，2010，10(184).

Barro R J．Are Government Bonds Net Wealth? ［J］．Journal of Political Economy，1974，82(6)：1095-1117.

Blanchard O．Public Debt and Low Interest Rates ［J］．American Economic Review，2019，109(4)：1197-1229.

Boivin J，Kiley M T，Mishkin F S．How Has the Monetary Transmission Mechanism Evolved Over Time? ［M］//Handbook of Monetary Economics．Elsevier，2010，3：369-422.

Christensen J. Domestic Debt Markets in Sub-Saharan Africa [J] . Imf Staff Papers, 2005, 52(3): 518-538.

Dang V D, Huynh J. Holdings of Sovereign Bonds by Commercial Banks in Vietnam [J] . Cogent Economics & Finance, 2020, 8(1): 1818409.

De Bonis R, Stacchini M. Does Government Debt Affect Bank Credit [J] . International Finance, 2013, 16(3): 289-310.

De Bonis R, Stacchini M. What Determines the Size of Bank Loans in Industrialized Countries?: the Role of Government Debt [M] . Banca d'Italia, 2010.

Emran M S, Farazi S. Lazy Banks? Government Borrowing and Private Credit in Developing Countries [J] . Government Borrowing and Private Credit in Developing Countries (June 11, 2009), 2009.

Engen E M, Hubbard R G. Federal Government Debt and Interest Rates [J] . Nber Macroeconomics Annual, 2004, 19: 83-138.

Gennaioli N, Martin A, Rossi S. Banks, Government Bonds, and Default: What Do the Data Say? [J] . Journal of Monetary Economics, 2018, 98: 98-113.

Hachem K , Song Z M . Liquidity Rules and Credit Booms [J] . Social Science Electronic Publishing.

Hauner D. Public Debt and Financial Development [J] . Journal of Development Economics, 2009, 88(1): 171-183.

Hoffmann A. Beware of Financial Repression: Lessons from History [J] . Intereconomics, 2019, 54(4): 259-266.

Huang, Y. , Pagano, M. , & Panizza, U. Local crowding-out in China [J] . The Journal of Finance, 2020, 75(6), 2855-2898.

Agarwal S , Qian W , Seru A , et al. Disguised Corruption: Evidence from Consumer Credit in China [J] . Ssrn Electronic Journal, 2018.

Kumhof M M, Tanner M E. Government Debt: a Key Role in Financial

Intermediation ［M］. International Monetary Fund, 2005.

Lainn P. Money Creation Under Full－Reserve Banking: a Stock－Flow Consistent Model ［J］. Social Ence Electronic Publishing, 2015.

Laubach T. New Evidence on the Interest Rate Effects of Budget Deficits and Debt ［J］. Journal of the European Economic Association, 2009, 7(4): 858-885.

Lavoie M. The Post－Keynesian Economics of Credit and Debt ［J］. Ottawa－Ca: Department of Economics, University of Ottawa, Nov, 2012.

Love I, Zicchino L. Financial Development and Dynamic Investment Behavior: Evidence from Panel Var ［J］. The Quarterly Review of Economics and Finance, 2006, 46 (2): 190-210.

Lu H , Pan H , Zhang C . Political Connectedness and Court Outcomes: Evidence from Chinese Corporate Lawsuits ［J］. Social Science Electronic Publishing, 2016, 58(4): 829-861.

Ogawa K, Imai K. Why Do Commercial Banks Hold Government Bonds? The Case of Japan ［J］. Journal of the Japanese and International Economies, 2014, 34: 201-216.

Polackova H. Contingent Liabilities: a Threat to Fiscal Stability. World Bank Other Operational Studies 11522, 1998.

Randall W L. A Post－Keynesian View of Central Bank Independence, Policy Targets, and the Rules－Versus－Discretion Debate ［J］. Ssrn Electronic Journal, 2007.

Tcherneva P R. Chartalism and the Tax－Driven Approach to Money ［J］. A Handbook of Alternative Monetary Economics, 2006, 69.

Temin P, Voth H J. Credit Rationing and Crowding Out During the Industrial Revolution: Evidence from Hoare's Bank, 1702－1862 ［J］. Explorations in Economic History, 2005, 42(3): 325-348.

Thia J P. Deficits and Crowding out Through Private Loan Spreads ［J］.
The Quarterly Review of Economics and Finance, 2020.

Wray L R. Modern Money Theory: a Primer on Macroeconomics for
Sovereign Monetary Systems ［M］. Springer, 2015.

图书在版编目（CIP）数据

政府债务与商业银行信贷／庄颖著 . --北京：社
会科学文献出版社，2022.11
ISBN 978-7-5228-0248-0

Ⅰ.①政… Ⅱ.①庄… Ⅲ.①地方政府-债务管理-
影响-商业银行-贷款管理-研究-中国 Ⅳ.
①F832.4

中国版本图书馆 CIP 数据核字（2022）第 100669 号

政府债务与商业银行信贷

著　　　者／庄　颖

出 版 人／王利民
组稿编辑／陈凤玲
责任编辑／孔庆梅
责任印制／王京美

出　　　版／社会科学文献出版社·经济与管理分社（010）59367226
　　　　　　　地址：北京市北三环中路甲 29 号院华龙大厦　邮编：100029
　　　　　　　网址：www. ssap. com. cn
发　　　行／社会科学文献出版社（010）59367028
印　　　装／三河市东方印刷有限公司

规　　　格／开　本：787mm×1092mm　1/16
　　　　　　　印　张：14.25　字　数：189 千字
版　　　次／2022 年 11 月第 1 版　2022 年 11 月第 1 次印刷
书　　　号／ISBN 978-7-5228-0248-0
定　　　价／99.00 元

读者服务电话：4008918866